# Contenido

# Una carta personal para ti

Estimado amigo:

Como hombre me encantan las aventuras... ¡de cualquier tipo! Y como tú y yo estamos a punto de comenzar juntos una jornada en la aventura, estoy pensando en una "particularmente extrema". Encaja en nuestra meta de este libro el de convertirnos en un hombre conforme al corazón de Dios.

No sé cuantas veces lo he visto desde el aire y lo he admirado desde la tierra pero hay algo muy especial acerca de Diamond Head. Ese es el nombre del volcán existente que forma un inconfundible monumento escarpado al sur de Waikiki Beach en la isla de Oahu. En mi última visita a esta isla tropical, mi yerno me retó (también un aventurero extremo) a no mirar a Diamond Head, sino a ¡escalarlo realmente! Así que fuimos Paul y yo en una aventura extrema. Lo escalamos. Presionamos... hasta que llegamos a la cúspide. Y ¡vaya! La vista a través de Oahu era increíble, realmente imponente.

¿No es esa la forma de escalar para experimentar la vista desde el pico de una montaña, o de una colina o una ciudadela donde un castillo o fuerte se erguía en otros tiempos, difícil pero que vale la pena? ¿Por qué? Trágicamente, muchos jóvenes nunca saben qué vista tan impresionante es la vida desde la cima (¡y no estoy hablando ya de cimas de montañas!) ¿Por qué? Porque nunca llegan a la cima de nada. En algún punto de su subida hacia "algo" se detienen, o se distraen, o tropiezan o se caen. Y nunca se vuelven a levantar o regresan porque la ascensión es demasiado extrema.

Pero mi amigo eso no es lo que yo quiero para ti. No. Yo quiero que tú sientas y experimentes la vista espectacular desde tu montaña llamada "vida". Y para ayudarte a llegar ahí he escrito este libro.

Mi deseo mientras que tú lees este libro acerca de tus prioridades como joven es que no cometas algunos de los errores que otros y yo hemos cometido en el camino hacia la cima de nuestras montañas. Los errores te pueden costar muchos años en tu búsqueda para alcanzar la montaña, en tu deseo de hacerlo, de triunfar, de alcanzar la cima, de convertirte en un hombre conforme al corazón de Dios.

En este libro mi meta es simple y llanamente establecer algunas de las prioridades de Dios para ti al comenzar tu subida a la grandeza. Hacer tuyas estas prioridades es vital para prepararte para la subida de la vida.

Para agudizar tu atención y realzar la aventura he añadido algún material al final de cada capítulo. En "Decisiones para hoy" encontrarás una lista de preguntas que provocan el pensamiento acerca de las prioridades discutidas en ese capítulo. Los ejercicios en "Lo máximo" están dirigidos a llevarte a tu Biblia para reforzar tus conocimientos de las prioridades de Dios. Ambos juegos de preguntas son opcionales pero te aliento a que dediques tiempo y esfuerzo para que los completes. Aprenderás acerca de las prioridades que necesitas para concentrarte como joven que desea conocer a Dios y seguirlo. Y aprenderás algunas formas fáciles de ponerlas en práctica.

¡Así que arriba! La faena para entender lo que Dios desea para ti como un joven conforme al corazón de Dios es emocionante. ¡No te pierdas la búsqueda… nunca serás el mismo!

Tu amigo de viaje,

Jim George

# Un joven conforme al corazón de Dios

CAMBIA TU VIDA EN UNA AVENTURA EXTREMA

JIM GEORGE

Autor de *Un hombre conforme al corazón de Dios*

EDITORIAL PORTAVOZ

La misión de *Editorial Portavoz* consiste en proporcionar productos de calidad —con integridad y excelencia—, desde una perspectiva bíblica y confiable, que animen a las personas a conocer y servir a Jesucristo.

Título del original: *A Young Man After God's Own Heart,* © 2005 por Jim George y publicado por Harvest House Publishers, Eugene, Oregon 97402. www.harvesthousepublishers.com

Edición en castellano: *Un joven conforme al corazón de Dios*, © 2007 por Jim George y publicado por Editorial Portavoz, filial de Kregel Publications, Grand Rapids, Michigan 49505. 

EDITORIAL PORTAVOZ
2450 Oak Industrial Dr. NE
Grand Rapids, Michigan 49505 USA

Visítenos en: www.portavoz.com

ISBN 978-0-8254-5626-8

4 5 6 7 edición / año 30 29 28 27 26 25 24

*Impreso en los Estados Unidos de América*
*Printed in the United States of America*

Primera parte

# Comienzo de la aventura

# 1

# ¿Cuál es el deseo de tu corazón?

*He hallado a David hijo de Isaí,*
*varón conforme a mi corazón,*
*quien hará todo lo que yo quiero.*
Hechos 13:22

Cuando tenía doce años de edad, mis padres y yo fuimos a nuestras únicas vacaciones familiares. Saliendo de mi hogar de niñez en Oklahoma, pasamos a través de Dodge City, Kansas, camino de Colorado. Por supuesto tuvimos que detenernos en el pueblo histórico del viejo oeste y visitar el famoso cementerio Boot Hill, el lugar donde los forajidos se enterraban.

Aún puedo recordar hasta este día a una lápida con un mensaje como este:

Aquí yace el viejo Joe
Murió con sus botas puestas.

¿Y lo creerías? ¡Al final de la tumba había dos botas que sobresalían de la tierra! Más tarde aprendí que el viejo Joe no fue enterrado allí. Y mucho después averigüé que las palabras en la lápida eran un epitafio, que significa "pequeño tributo a una persona muerta".

A partir de esa inolvidable visita a Boot Hill, he recopilado algunos otros epitafios. Por ejemplo, un poeta griego escribió este en la tumba de los héroes espartanos en el siglo quinto a.C.:

Ve, dile a los espartanos, amable transeúnte
Que aquí, obediente a su ley, yacemos.

Este otro se escribió a la memoria del gran poeta inglés Shakespeare:

No fue para una época, sino para siempre.

Porque tengo un grado universitario, me gusta lo que se escribió acerca de un científico que murió a la edad de 85 años:

Murió *aprendiendo*.

Todos estos epitafios se escribieron por alguien que conoció a la persona muerta. Benjamín Franklin, sin embargo, escribió su propio tributo:

El cuerpo de B. Franklin
Impresor
Como la cubierta de un libro viejo
Sus contenidos arrancados
Deshecho de su caligrafía y de su cubierta dorada
Yace aquí, alimento para gusanos.
Pero la obra no se perderá
Porque como creyó aparecerá una vez más
En una nueva y más perfecta edición
Corregida y enmendada

Por el autor[1]

Hay además epitafios humorísticos, como…

Compuesta y sin novio.

O

Recuerda amigo, cuando pases,
Que como estás hoy tú, una vez estuve yo.
Como estoy hoy, pronto estarás tú,

Prepárate para la muerte y sígueme tú.
A lo que alguien añadió más tarde…
Seguirte a ti no estoy contento.
Hasta que sepa por el camino que te fuiste.

Para mí, el epitafio que más inspira es uno que se encuentra en la Biblia. Es un tributo al rey David, una de las personas más famosas del Antiguo Testamento. De él Dios escribe:

> He hallado a David hijo de Isaí, varón conforme a mi corazón, quien hará todo lo que yo quiero (Hch. 13:22).

## La comprobación de un hombre conforme al corazón de Dios

La vida de David es un fascinante estudio de carácter. David vivió una vida de aventura extrema. Siendo un joven, probablemente de tu edad, mató al gigante Goliat. Una vez cuidó las ovejas de su padre al matar a un león, o en otra ocasión al matar a un oso. Su historia es una de las versiones de "harapos a riquezas". David comenzó como un pastor joven de ovejas y terminó como un rey. Se convirtió en un gran guerrero y convirtió a la pequeña nación de Israel en un poderoso reino que gobernó a la mayoría del Oriente Medio en el siglo X a.C.

Pero la mayor afirmación a la gloria es el epitafio de Dios: "He encontrado a David… un hombre conforme a mi corazón".

No sé tú pero encuentro este tributo curioso. En él Dios está declarando su aprobación del corazón y de la vida de David. Eso es interesante ¡porque las acciones de David no fueron siempre piadosas! Por ejemplo…

- David fue un guerrero que derramó mucha sangre (1 Cr. 22:8).
- David pecó con una mujer llamada Betsabé (2 S. 11:4) y entonces ordenó que su esposo fuera puesto en la posición de batalla para que lo mataran (2 S. 11:5-17).

- David tuvo muchas esposas (2 S. 13:1-5).
- David fue un padre negligente y su familia sufrió conflictos y tragedias como resultado (2 S. 13:15-18; 28-29; 18:33).
- David estuvo en contra de los mandamientos de Dios y orgullosamente contó el número de su tropa. ¿Resultado? Setenta mil de su pueblo murieron en una plaga (2 S. 24:10, 15).

Y sin embargo, Dios afirma: "He encontrado en David... un hombre conforme a mi corazón". ¿Cómo puede ser eso? ¿Cómo puede Dios alabar a un hombre con este tipo de trasfondo?

Sí, David cometió algunos pecados que la mayoría de nosotros no nos podemos ni imaginar o concebir. Pero durante el largo camino David quería ser justo. Amaba a Dios y su deseo del corazón era hacer la voluntad de Dios.

¿Y sabes qué? ¡Ese es el tipo de hombre que Dios busca hoy también! Dios no espera perfección. (¡Con certeza podemos ver eso en la vida de David!) Sin embargo, a pesar de todo lo que David hizo de malo en su vida, Dios pudo aún mirar en el corazón de David y decir que era un hombre conforme a su corazón, un hombre que deseó hacer la voluntad de Dios.

## La prueba de tu corazón

Esto, mi amigo, es la gracia de Dios. ¡No puede haber otra explicación! Por estas acciones David no se merecía las bendiciones de Dios. Pero en su corazón, David tenía el deseo correcto. Él deseaba seguir y complacer a Dios, aunque a veces tropezaba y caía.

Esto me trae a una pregunta importante: ¿Deseas tú ser un hombre conforme al corazón de Dios? O, dicho de otra manera, ¿es el deseo de tu corazón seguir a Dios?

Puedes pensar que eso es imposible. Y si es así, no estás solo. Eres como yo, tienes la tendencia de dar tres pasos adelante, después dos atrás, en tu caminar espiritual con Dios. Puedes pensar que ser un hombre conforme al corazón de Dios es una meta demasiado alta. Puedes asumir que no es posible debido a tus acciones pasadas.

Pero no debes olvidar esto: ¿Dónde miró Dios? Miró al corazón de David. ¡Y ahí es donde Dios va mirar en tu vida también!

Ahí es donde comienza la aventura de convertirse en un hombre conforme al corazón de Dios.

## La prueba de la gracia de Dios.

Mi comienzo en la aventura de la vida cristiana fue un poco pedregoso. Como joven iba a la iglesia de forma regular… pero eso era todo. No había mucha profundidad en mi fe. Así que fui a la universidad, mi corazón deseaba muchas de las cosas erróneas. Una novia, un carro pulcro, mucho dinero, mucha diversión y amigos y lo obtuve todo… pero entonces llegó mi caída espiritual. Era muy parecido al "hijo pródigo" en la historia que Jesús contó en Lucas 15, el que…

> "...juntándolo todo el hijo menor, se fue lejos a una provincia apartada; y allí desperdició sus bienes viviendo perdidamente... Y volviendo en sí, dijo: ...Me levantaré e iré a mi padre, y le diré: Padre, he pecado contra el cielo y contra ti. Ya no soy digno de ser llamado tu hijo..." (vv. 11-19).

Como él, "volví en mí". Me di cuenta de que me estaba muriendo de hambre espiritualmente. Yo también miré arriba y regresé a mi padre celestial. Y como el padre en la historia que fue movido a misericordia (v. 20), Dios me recibió con su gracia. ¡Y desde entonces la vida ha sido una aventura extrema!

Dios, en su gran gracia, hace esto por cualquier hombre, joven o viejo, que viene a Él. Y Dios hace esto por (los que como yo) vuelven en sí y regresan a Él. A partir de ese punto la vida no es la misma. ¡Es la aventura final!

Y ahora te tengo una pregunta. ¿Te has desviado de Dios? ¿Alguna vez has sentido que estás viviendo en "una provincia apartada" espiritualmente? ¿Quieres experimentar en tu vida la poderosa gracia de Dios? Bueno, si es tu deseo, entonces ¡sigue leyendo!

## ¡El cambio de tu vida a una aventura extrema!

En los capítulos venideros, esta sección hará las preguntas difíciles acerca de tu corazón y del tipo de aventura en la que estás. Así que pongámonos serios aquí por un momento... y aprendamos más acerca de cómo convertirse en un joven conforme al corazón de Dios:

Pregunta #1: Cuando Dios mira tu vida, ¿qué busca? Bueno, alabado sea Dios, ¡Él no busca la perfección! Ser un cristiano no se trata de ser perfecto. ¡De hecho la Biblia dice que no hay hombres perfectos, no, ni uno (Ro. 3:10)! Como David y como yo todas las personas incluyéndote a ti, han pecado. Toda persona ha desobedecido a Dios. Y es ese pecado el que nos separa de Dios.

Esa es la mala noticia.

¡Pero ahora la buena noticia! El único hombre perfecto que alguna vez caminó sobre la faz de la tierra fue Jesucristo, el único Hijo de Dios. Él fue verdaderamente un hombre conforme al corazón de Dios. En todo y en todo tiempo, Él hizo exactamente como el padre quería que hiciera. En el bautismo de Jesús, Dios dijo: "Este es mi Hijo amado, en quien tengo complacencia" (Mt. 3:17).

Porque Jesús fue perfecto y nunca pecó, fue capaz de morir por tus pecados y los míos. Él pagó el castigo del pecado, que es la muerte. La Biblia nos dice "que siendo aún pecadores, Cristo murió por nosotros" (Ro. 5:8). Él fue el perfecto sacrificio por nuestros pecados. Por lo que Él hizo, podemos ser limpios del pecado.

¡Ahora, eso es impresionante!

Pregunta #2: ¿Qué significa ser cristiano? Brevemente, convertirse en cristiano significa…

- Buscar a Dios y a su gracia (Ef. 2:8-9).
- Arrepentirnos de nuestros pecados y alejarnos de ellos.
- Aceptar el regalo de Dios de la vida eterna a través de la muerte de su Hijo por nosotros.
- Recibir la misericordia y el perdón de Dios y…
- Vivir su gracia.

Ahora escucha esto: Ser cristiano no significa que no vas a pecar más. Todavía vas a pecar, como yo. Pero el pecado dejará de ser el patrón regular de tu vida. ¿Por qué? Porque como cristiano eres una nueva criatura en Cristo (2 Co. 5:17).

¿Y qué sucede cuando sí pecas? El Espíritu Santo, que vive en ti, te convence para que te puedas arrepentir de tu pecado y regreses al gozo de la comunión con Dios (Sal. 51:12).

Pregunta #3: ¿Cuál es el deseo de tu corazón? Hemos mirado al corazón de David y su deseo de seguir a Dios. Hemos visto además cómo Dios obró en mi corazón. Pero ahora la pregunta más importante: ¿Qué de tu corazón? ¿Cuál es el deseo de tu corazón? Piensa en cinco palabras que describan lo que tú quieras de tu vida. Sería grandioso si, cuando Dios mire tu corazón, pueda decir: "¡He encontrado que eres un hombre conforme a mi corazón, un hombre que desea hacer mi voluntad!

Pregunta #4: ¿Has recibido a Jesús como el Salvador y Señor de tu vida? Quizá ya has tomado este paso de fe y has recibido a Cristo como tu Salvador. Si no, o si no estás seguro, este es verdaderamente el primer paso hacia la jornada para convertirte en un hombre conforme al corazón de Dios. Una oración como esta te puede ayudar a tomar el paso más importante para convertir la vida en una aventura extrema:

> Jesús, sé que soy un pecador y me quiero arrepentir de mis pecados y volverme y seguirte. Creo que tú moriste por mis pecados y te levantaste otra vez, que tú conquistaste el poder del pecado y la muerte. Quiero aceptarte como mi Salvador personal. Entra a mi vida, Señor Jesús y ayúdame a seguirte y a obedecerte a partir de este día. Amén.

Ahora, amigo, si eres un cristiano nuevo en este momento escribe la fecha de hoy aquí____________________.

Después, ¿hay un cristiano que conozcas que estaría realmente emocionado al oír de tu decisión? ¡Hazle una llamada ahora mismo!

Si eres o has acabado de convertirte en cristiano, este epitafio final en una tumba real en Inglaterra podría ser para ti:

He pecado;
Me he arrepentido;
He confiado;
He amado;
Descanso;
Me levantaré;
Reinaré.[2]

## Decisiones para hoy

¿Cuál es el deseo de tu corazón? ¿Qué es lo que más deseas en tu vida? Y ¿qué muestran tus acciones, tus pasatiempos, tus amigos, tu música? ¿Dicen que deseas seguir el corazón de Dios o tu propio corazón? Anota dos o tres cambios que puedes hacer en tu vida.

¿Estás listo para que tu vida se convierta en una aventura extrema, la aventura de seguir a Jesucristo? A la luz de lo que has leído en este capítulo, enumera dos o tres cualidades que has aprendido y que son necesarias que tomes cuando sigas a Jesús.

## Lo máximo

*Procura con diligencia presentarte a Dios aprobado,*
*como [quien] usa bien la palabra de verdad.*
2 Timoteo 2:15

Lee Lucas 15:11-31. ¿Qué enseña esta historia…

…acerca del Padre?

…acerca del hijo?

…acerca del hermano mayor?

…acerca de admitir tus errores?

…acerca del perdón?

¿Cuál es el mensaje de Dios a tu corazón?

Lee 1 Samuel 16:1-13. ¿Cuál fue la misión de Samuel? (vv. 1-3)

Describe la respuesta de Samuel cuando vio a Eliab, el hermano de David (v. 6).

En pocas palabras, ¿qué le dijo Dios a Samuel? (v. 7)

Lee Hechos 13:22. ¿Por qué escogió Dios a David para que fuera rey?

¿Cuál es el mensaje de Dios para tu corazón?

# 2

# ¿Qué se necesita para ser todo lo que deseas ser?

*Como el ciervo brama por las corrientes de las aguas,*
*Así clama por ti, oh Dios, el alma mía.*
*Mi alma tiene sed de Dios, del Dios vivo.*
Salmo 42:1-2

Un verano viajé a Australia como pastor de un equipo que impartía conferencias para pastores. Australia es un país increíble. Es vasto en tamaño y el hogar de algunos de los más extraños animales en el mundo, incluyendo a canguros, osos koalas, dingos y walabíes.

¡El viaje fue una de esas aventuras extremas que no aparecen muy frecuentemente! A nuestro grupo se le programó para impartir conferencias en cuatro ciudades principales. Además queríamos ver los emplazamientos que habíamos oído "el interior del país" y la Gran Barrera Coralina, solo por mencionar algunos. Debido a que había tanto que hacer, este iba a ser verdaderamente un viaje torbellino.

Nuestra primera conferencia fue en Bristone, al norte de Australia, ¡una ciudad verdaderamente impresionante! Yace en un clima semi tropical agradable. Las palmeras alinean las calles y las piñas crecen en los campos a lo largo del campo. Y hay suficiente playas llenas de arena y ¡olas increíbles para surf!

Mientras nos quedamos en Brisbane, escuché mucho acerca de la Gran Barrera Coralina. Es famosa entre los buzos de todo el mundo debido a sus aguas azules cristalinas. Esta famosa barrera se extiende alrededor de 2.000 kilómetros a lo largo de la costa nordeste encima de Brisbane y su ancho varía entre 16 y 140 kilómetros. Esta barrera masiva se produjo, extrañamente, por diminutas criaturas llamadas coral. Estos pequeños animales viven y mueren en colonias, las que sobre las centurias han construido esta increíble barrera, partes de la misma tienen cientos de pies de profundidad.

Ahora la Gran Barrera de Coral no parece estar viva. ¡Pero los expertos dicen que esta sorprendente barrera está viva!

## La última fuente de poder para el crecimiento

¡De una forma similar, la Biblia es sorprendente también! A primera vista parece ser como cualquier otro libro. Las páginas tienen tinta negra sobre papel blanco, como el periódico o la guía telefónica. Y sin embargo, hay algo muy diferente y muy vivo y poderoso acerca de la Biblia. ¿Por qué la Biblia es única?

Afirmación #1: La Biblia afirma ser la Palabra de Dios: "Toda la Escritura es inspirada por Dios", lo que la hace la única y completa fuente para aprender los caminos de Dios "y útil para enseñar, para redargüir, para corregir, para instruir en justicia" (2 Ti. 3:16).

Afirmación #2: La Biblia afirma ser verdadera y nunca trata de justificar sus sentencias. Podrías asumir que si la Biblia es la Palabra de Dios para nosotros (Afirmación #1), podríamos estar seguros de su verdad para nosotros. Eso fue lo que concluyó el salmista (Sal. 19:7). Así que podemos confiar en la Biblia para dar consejos correctos para la vida y para vivir.

Afirmación #3: La Biblia afirma estar viva. Considera esta sorprendente oración: "La Palabra de Dios está viva y activa". ¿Cuán viva está? "Más cortante que toda espada de dos filos; y penetra hasta partir el alma y el espíritu, las coyunturas y los tuétanos, y discierne los pensamientos y las intenciones del corazón" (He. 4:12).

## ¡El manual para hombres reales!

Con afirmaciones como esas, ¿no deberías escuchar y prestar atención? ¿No deberíamos ser un poco curiosos acerca de lo que la Biblia tiene que decir de la vida y de nuestras prioridades?

¡Ningún otro libro tiene el mismo efecto sobre una persona como la Biblia! Puedes leer libros sobre cualquier materia y recibir información que te ayudará de una forma u otra. Pero cuando se trata del alma y del corazón, solo la Biblia puede traer cambios verdaderos y duraderos. Sé que cuando leo la Biblia, mi vida se transforma. Pienso de forma diferente. Actúo de forma diferente. Hablo de forma diferente.

Y lo que es más importante, si la Biblia es la misma Palabra de Dios y si tú y yo queremos vivir como hombres conforme al corazón de Dios, entonces no hay lugar mejor al que podamos ir para encontrar las mejores respuestas. ¿No estarías de acuerdo? Dios escribió la Biblia para contarnos de su amor para con nosotros. Y en ella Él nos muestra cómo podemos disfrutar una relación real y significativa con Él.

Y repito, Dios escribió la Biblia para que sepamos, como hombres, cómo podemos vivir nuestras vidas. En su Palabra Él nos da su lista de prioridades que nos lleva a un vivir victorioso y exitoso.

Así que… si tu deseo es ser un hombre conforme al corazón de Dios (y creo que sí ¡porque seguro que no estuvieras leyendo este libro!), entonces quisieras aprender cuál es el plan para tu vida. ¡Y sabes lo que eso significa! Necesitarás tomar algún tiempo para leer la Biblia. ¡Es el manual de Dios para hombres reales!

## El antidepresivo del crecimiento

¿Has pensado alguna vez acerca de lo que sería tu vida si fracasaras en crecer físicamente para entrar en la adultez? ¿Suena como tu peor pesadilla? Seguro que para mí sí. Así que como yo, naturalmente considerarías que esto es una tragedia seria. E igualmente trágico es un joven cristiano que no está creciendo espiritualmente o cuyo crecimiento espiritual se ha congelado. Como ves, Dios espera que crezcas tanto espiritual como físicamente. En la Biblia, el crecimiento se ve como un efecto secundario de la vida en Cristo. De hecho se te ordena: "creced en la gracia y el conocimiento de nuestro Señor y Salvador Jesucristo" (2 P. 3:18). El escritor de la carta a los hebreos asumió también que con el paso del tiempo sus lectores crecerían hasta el punto en que enseñarían a otros lo básico de la Palabra de Dios. Pero tuvo que reprender a sus lectores porque fracasaron en el crecimiento. Y como dije el crecimiento espiritual debe producirse naturalmente en los que están en Cristo.

## El elemento esencial para la vida

Me encanta correr. De hecho, he sido un corredor desde la escuela secundaria. Bueno, un sábado brillante californiano, decidí que vería cuán lejos podría correr. Así que salí a correr... cinco... diez... quince millas... Fue en la línea de la milla 15 cuando me imaginé que era hora de irme a casa. Una razón fue porque mis condiciones para correr ya no eran muy agradables porque el sol de la mañana se había convertido en el calor opresivo del mediodía.

Otra razón fue porque no había llevado agua conmigo en la carrera, y no había fuentes de agua estacionadas a lo largo del camino. Así que comencé a anhelar el agua, el elemento esencial para la vida. En el momento en que estaba a pocas millas de la casa, todo lo que podía pensar era agua, agua, agua, más agua, ¡mucha agua! Mi cuerpo gritaba por esa sustancia que da vida. Al moverme dentro de la casa después de 21 millas estaba realmente jadeando por agua.

Amigo, el ansia que yo tenía durante la carrera de larga distancia es el tipo de sed que debemos tener por la Palabra de Dios. Nuestro cuerpo físico sabe que no puede funcionar sin el agua física. Así, también, nuestra vida espiritual no puede funcionar sin "el agua viva" de la Palabra de Dios. El salmista describió este deseo por Dios de la siguiente manera:

> "Como el ciervo brama por las corrientes de las aguas, así clama por ti, oh Dios, el alma mía. Mi alma tiene sed de Dios, del Dios vivo; ¿cuándo vendré, y me presentaré delante de Dios?" (Sal. 42:1-2)

¿Tienes este tipo de ansia por Dios y por su Palabra? Tal y como el agua es la única sustancia que puede aliviar tu sed, la Palabra de Dios es la única sustancia que puede satisfacer y asegurar tu crecimiento espiritual.

Solo la Palabra de Dios te puede dar las fuerzas en tiempos de pruebas. Y solo la Palabra de Dios te puede dar claras direcciones cuando estás tratando de pasar por el tamiz a través del caos de tu ocupada vida y de hacer malabarismos en tu escuela, en la vida familiar, en las actividades de la iglesia y de los deportes o de otras actividades en las que pudieras estar involucrado.

¡Y he aquí las buenas noticias! Cuando se trata del crecimiento espiritual, Dios no te deja completamente solo. El Espíritu de Dios vive dentro de cada creyente, te da el deseo y el poder para crecer. Jesús prometió que el Espíritu siempre será tu guía y tu andador (Jn. 14:16-17, 26).

Así que, con Cristo, la Biblia y el Espíritu Santo, Dios te ha dado todo lo que necesitas para el crecimiento espiritual. Ahora, pregúntate, ¿está el deseo ahí? ¿Por qué no satisfacerlo pasando más tiempo con Dios y su Palabra?

Al leer este libro, quiero que tu hambre y sed por Dios sean más intensas. Quiero que tu deseo por su Palabra cambie tu vida por una aventura extrema conforme al corazón de Dios. Pero la pregunta es ¿tienes tú los mismos deseos?

## La elección es tuya

Yo sé que quieres ser todo lo que Dios quiera que tú seas. ¿Cómo sé eso? Porque no estarías leyendo este libro si no desearas complacer a Dios con tu vida. Sé, también que quieres crecer físicamente y ser los más fuerte y atlético posible. ¡Todo hombre lo quiere!

Y creo además que tú quieres ser tan fuerte y maduro espiritualmente como puedas. Así que, ¿cómo te puedes mover en esa dirección? Comenzando con cuatro elecciones. Cada una de ellas las tienes que hacer tú.

1. Haz una elección para encontrarte con Dios, Dios no va a hacer que tú pases tiempo con Él. No, ¡tú tienes que hacer esa decisión! Así que tienes una seria elección que hacer si quieres encontrarte con Dios.

   Piensa en esto: ¿Cuánto tiempo pasas con juegos de vídeos, mirando la televisión, navegando por Internet, o saliendo con tus amigos? ¿Por qué no tomar algún tiempo de ese y seleccionar pasar tiempo con Dios?

2. Haz una elección para que lo primero que hagas sea encontrarte con Dios cada día, ¿quieres crecer espiritualmente, verdad? Entonces haz tus ejercicios físicos con Dios cada mañana. Lee su manual para hombres reales. Y ora, conversa con tu líder.

   Mi yerno es un oficial de la marina en un submarino nuclear. Y casi nunca hay un día que no se levante sobre las 4:00 a.m. Levantarse temprano es parte de lo que los hombres hacen. Así que, ¿no piensas que pudieras comenzar el día levantándote cada día solo unos minutos más temprano? Es un buen entrenamiento para la vida e influirá en ti.

3. Haz una elección de negarte a ti mismo a favor de Dios, la vida cristiana es de sacrificio y compromiso anhelantes. Es así: El mundo entero está diciendo: "¿Eres cristiano? ¡Entonces pruébalo!" Entonces. ¿Cuáles de

las actividades menos importantes estarías deseoso de reducir o de dejar para obtener algo más grande y crecer en tu vida espiritual? ¿Estarías dispuesto a...

...decir no a algún tiempo de juegos de vídeos,

...decir no a algún tiempo de televisión,

...decir no a algún tiempo con tus amigos,

...decir no a algún tiempo haciendo deportes?

Jesús dijo: "Si alguno quiere venir en pos de mí, niéguese a sí mismo, y tome su cruz, y sígame" (Mt. 16:24). ¿Estás listo para el cambio? Si lo estás, ¡te garantizo que tu vida se convertirá en una aventura extrema!

4. Haz una selección de decirle sí al pueblo de Dios, una de las mejores elecciones que puedas hacer es estar alrededor de otros cristianos. ¿Por qué diría esto? Porque es como en el deporte o estudiar con alguien que está más avanzado que tú. Serás mejor cuando te asocias con aquellos que tienen una pasión por lo que están haciendo, que están seriamente comprometidos con lo que están haciendo.

   Y así cuando estás alrededor de otros cristianos comprometidos. Su pasión y celo por Dios te contagian. ¡Te motivan! Te retan, te llevan, te hacen todo lo que quieres ser.

   ¡Así que haz tus selecciones! Selecciona...

   ...decir sí a la asistencia a la iglesia y a la enseñanza que recibirás ahí.

   ...decir sí a tus líderes de jóvenes cuando pregunten quién quiere reunirse uno a uno o en un grupo pequeño.

...Decir sí a los campamentos a los retiros en los que obtendrás grandes enseñanzas y con la atención concentrada de líderes piadosos (sin mencionar todos los amigos que harás).

...Decir sí a toda oportunidad de estar con otros jóvenes comprometidos con las cosas de Dios.

## El cambio de tu vida a una aventura extrema

Lo que es sorprendente acerca del crecimiento espiritual es la forma en que afecta toda área de tu vida. No solo complacerás a Dios y madurarás como cristiano, sino además tendrás un efecto positivo y significativo sobre los que tengan contacto contigo. ¿Te das cuenta de cuántas personas se te cruzan en el camino todos los días? Tienes contacto con cientos de personas, personas cuyas vidas puedes influenciar de manera positiva si estás creciendo espiritualmente.

Así que, ¿estás listo? ¿Estás listo para la aventura de un esfuerzo total para Cristo? ¿Estás listo para ver lo que sucederá cuando te muevas adelante en camino al crecimiento espiritual... o subir un barranco? Y ¿estás listo para ver lo que te sucederá a ti y a esos que te encuentres a lo largo del camino?

¿Qué te está diciendo tu corazón? ¿Estás escuchando el mensaje de Dios para ti? Recuerda, Dios mira el corazón (1 S. 11:6-7). Aquí hay una lista para chequear el corazón para ver si estás listo para embarcarte en la aventura final de Dios para tu vida:

- ❏ ¿Quieres ser un hombre de Dios fuerte y maduro? Entonces cuida lo primero. Desarrolla una relación cercana con Dios orando, leyendo su Palabra y obedeciendo sus mandamientos.

- ❑ ¿Quieres ser un buen hijo? Entonces (de nuevo) pasa tiempo con Dios con su Palabra y en oración y Él te dará y enseñará todo lo que necesitas saber para vivir este muy importante rol de responsabilidad en tu familia.

- ❑ ¿Quieres ser un buen amigo? Entonces cultiva una amistad con Dios. Este contacto con tu Padre y amigo celestial te dará la sabiduría de ser un buen amigo para otros y hacer un efecto positivo en ellos.

- ❑ ¿Te importa la vida espiritual de tus amigos? Entonces refuerza tu relación con Dios. Eso permitirá al Espíritu de Dios obrar a través de ti y ayudarte a mostrárselo a otros.

- ❑ ¿Quieres que tu vida cuente? O de otra manera: ¿Quieres ser todo lo que puedes ser? Entonces haz que Dios sea tu prioridad número uno en tu vida. Pon a Dios en cada uno de tus hoy y entonces todas tus mañanas contarán en la vida y en la eternidad. Todo lo que se necesita es un deseo de hacer la voluntad de Dios.

- ❑ ¿Tienes este tipo de deseo? Como dije anteriormente, ¡soy una persona que cree que sí! Creo que estás listo para decirle a Dios de tu fresco compromiso de crecer espiritualmente. Creo que estás listo para comenzar esta extrema jornada que te asegurará que tu vida sí cuenta.

- ❑ ¿Por qué no haces una pausa ahora mismo y le hablas a Dios? Dándole gracias por darte fuerzas y deseo de unírtele en esta fantástica jornada que está por delante.

## Decisiones para hoy

¿Seleccionaste un tiempo para estar con Dios? ¿Qué hora? Si no, comienza tu aventura extrema en este mismo minuto haciendo esta importante decisión. Hazlo ahora. Entonces selecciona un lugar ¿qué asuntos necesitas para comenzar tu viaje con Dios?

¿Sabías que puedes leer toda tu Biblia en un año si le das solo doce minutos al día? ¿Le darás a Dios doce minutos hoy? ¿Mañana? He incluido un "calendario de sesión espiritual extrema" en la parte de atrás del libro.

Encuentra la fecha de hoy. Lee esa porción de la Biblia y entonces chequea la caja. ¿Cuánto te tomó?

¿Hay un hombre mayor o un líder de la juventud en tu iglesia que pueda trabajar contigo solo? ¿Lo vas a llamar hoy? Como todo miembro de la marina, necesitas un "socio" con quien reunirte.

## Lo máximo

*Procura con diligencia presentarte a Dios aprobado,*
*como [quien] usa bien la palabra de verdad.*
2 Timoteo 2:15

Lee el Salmo 1:1-3. Enumera todas las acciones y decisiones hechas por un hombre que desea crecer espiritualmente. Entonces describe la salud espiritual de un hombre conforme al corazón de Dios. ¿Hay cambios que necesitas hacer hoy?

Lee una descripción similar de la salud y crecimiento espirituales en Jeremías 7:7-8. ¿Qué es la salud espiritual basado en este versículo? ¿Cómo se describe la condición de la persona en el versículo 8?

¿Qué te enseñan estos pasajes acerca de tu propia salud espiritual? ¿Acerca de cambios que necesitas hacer?

3

# ¿Qué puedes hacer para que tus metas sean una realidad?

*"Antes bien, creced en la gracia y el conocimiento de nuestro Señor y Salvador Jesucristo. A él sea gloria ahora y hasta el día de la eternidad. Amén"*
(2 P. 3:18).

Eddie iría.

Eso es lo que la camiseta decía. ¿Quién es Eddie? Me preguntaba mientras registraba a través de la colección de camisetas en la tienda de surf en Waikiki Beach. Si sabes algo de surf conoces el nombre de Eddie Aikau.

Eddie fue uno de los más grandes de los montadores de grandes olas de los años de 1960 y 70, respondió un joven empleado que parecía que él mismo había practicado surf en unas cuantas olas.

"¿De dónde viene el eslogan?" Fue mi próxima pregunta obvia. El empleado vaciló un poquito por un momento.

"Eddie fue un deportista de surf que se ha convertido en casi un mito. Las historias dicen que era audaz en el agua. Estaba tan motivado en dominar "las grandes" —las grandes olas— "que aun cuando otros vacilaban, 'Eddie iría'".

"Pero señor', mi nuevo maestro de historia del surf continuó, 'había otro lado de Eddie. Su grandeza real vino en 1978 cuando Eddie fue parte de la tripulación de la Polynesian Voyaging Society's 'Journey of Rediscovery' (Sociedad de viajes polinesia "Viaje de redescubrimiento"). Su réplica de canoa de casco doble se volcó en el mar picado entre las islas en el Canal Molokai. La tripulación resistió toda la noche y esperó un rescate pero la mañana siguiente se dieron cuenta de que la corriente los estaba llevando al mar. Eddie insistió en continuar esperando por ayuda. Su blanco era la Isla de Lanai, aproximadamente a unos 18 kilómetros. Mientras remaba en un tablón de madera, sus últimas palabras fueron: 'No se preocupen. Lo puedo hacer'. A Eddie Aikau nunca se le encontró". No es necesario decir que después de haber escuchado esta historia, compré la camiseta... ¡y tuve un nuevo héroe!

Si alguna vez vas a viajar a la isla de Ohahu, asegúrate que vayas a *Waimea Beach Park* y que veas el monumento de Eddie. Y si eres realmente afortunado, se te invitará a visitar este lugar en invierno y observar el concurso solo por invitación de surf celebrado en su nombre. Este acontecimiento es para los pocos elegidos, que están motivados a hacerle frente a "las grandes" en el mundialmente famoso *North Short Bonsai Pipeline.*

## Haz de tu crecimiento espiritual una meta

La fama de Eddie Aikau no sucedió simplemente. Viniendo de una familia con muy pocos bienes materiales, Eddie compró su primera tabla de surf a la edad de 16 años del dinero que se había ganado en la fábrica de enlatados de piña. Tenía una meta y estaba determinado a cumplir sus sueños. E hizo que sucediera.

La necesidad por la motivación. No es difícil motivarte para hacer cosas que realmente quieres hacer. ¿Verdad? Quiero decir, lo puedes llegar a hacer, sea practicar surf en Waikiki o *hanging ten* en el North Shore. Si eres como la mayoría de los hombres, estás siempre con energías y entusiasmado cuando se trata de disfrutar de un pasatiempo personal, o de andar con tus amigos, o participando en un deporte. Pero cuando se trata de limpiar tu habitación o de ir a la escuela, hacer tus deberes o quizás hasta leer tu Biblia, probablemente lo encontrarás difícil de hacer.

Las cosas que te motivan, tales como el deporte, la pesca, el excursionismo, la natación, el surf, el patinaje o cualquiera que sea tu aventura, pueden tener un efecto positivo o negativo en tu vida dependiendo de cómo las manejes. Por ejemplo, como expresé anteriormente, soy corredor. Me encanta correr y debido a ese amor, de alguna manera me las arreglo para encontrar el tiempo para salir a la carretera y correr. Lo hago porque realmente lo quiero hacer y como tú, termino haciendo lo que quiero hacer.

La necesidad del balance: Pero necesitamos balancear lo que queremos hacer. La clave es estar seguro de los elementos importantes en la vida al perseguir nuestra educación, intereses y la diversión.

Retrocediendo un poquito, recordarás que en el último capítulo hablamos de la importancia de convertir tu vida en una aventura extrema de crecimiento espiritual, una aventura que debe comenzar con tu corazón, con tus deseos y metas. Como cristiano, debe ser natural para ti querer crecer ansiosamente de forma espiritual. Debe ser un ardiente deseo. Como David, debes desear seguir a Dios con un corazón sano.

La necesidad de las metas: Regresando a este capítulo, miremos una vez más tu corazón y tus metas. ¿Cuál es el ardiente deseo de tu alma? Mi esperanza es que estés diciendo: "Quiero crecer en la gracia y en el conocimiento de mi Señor y Salvador Jesucristo. Quiero ser un hombre conforme al corazón de Dios. Quiero que mi vida tenga un efecto positivo en otros... y en la eternidad. Quiero ser lo que Dios quiera que sea. Quiero que el crecimiento espiritual suceda".

Ahora, ¿qué puedes hacer para que esa meta se convierta en realidad?

## Haz que ocurra el crecimiento espiritual

El crecimiento espiritual es una meta tremenda que debes tener. Para un hombre cristiano es extremadamente importante y definitivamente tendrá un efecto positivo en tu vida y en todos a tu alrededor. ¡Es una meta prioritaria! Y sí, también necesitas metas que te preparen para que vivas en el mundo, metas que se relacionen con tu educación y habilidades. (Pero déjame añadir que aunque necesitas metas espirituales y metas educacionales, aún puedes divertirte un poco a lo largo del camino. ¡Así que no vendas tu tabla de surf todavía! Solo estate seguro de que mantengas tu balance en la vida.)

¿Cuáles son los pasos que puedes tomar para que ocurra un crecimiento espiritual?

1. Consagra tu vida completamente a Jesucristo. ¿Has dado el paso de recibir a Jesús como el Señor y Salvador de tu vida? Como dije anteriormente, este es realmente el primer paso para convertirse en un hombre conforme al corazón de Dios. Una vez que te conviertes en cristiano, el Espíritu Santo viene a tu vida y obra en ti para cumplir la voluntad de Dios para ti. Tú entonces, como los discípulos de Jesús, estás listo para responder a su llamado de "sígueme" (Mr. 1:17).

2. Ocúpate del pecado. El pecado es cualquier pensamiento, palabra o hecho que va en contra de las instrucciones de Dios en la Biblia. Y amigo, puedes tomarlo de mí, el pecado siempre te va a inhibir tu crecimiento espiritual. ¡Puede ahogar el mío! El pecado tuvo un efecto grave en la vida del rey David también. Al leer acerca de él en tu Biblia, verás cómo el pecado arruinó la carrera de este gran hombre y de su familia.

   Por ejemplo, considera el pecado de David con Betsabé. Para cubrir el hecho de que la había embarazado, David arregló que mataran a su esposo en la batalla (2 S. 11). Después, por un año completo, David mantuvo en silencio su pecado. Lee la descripción personal de David durante ese año:

> Mientras callé, se envejecieron mis huesos En mi gemir todo el día. Porque de día y de noche se agravó sobre mí tu mano; Se volvió mi verdor en sequedades de verano. *Selah* Mi pecado te declaré, y no encubrí mi iniquidad. Dije: Confesaré mis transgresiones a Jehová; Y tú perdonaste la maldad de mi pecado. *Selah* (Sal. 32:3-5).

David experimentó algunos efectos secundarios reales de sus pecados no confesados, su cuerpo se desgastó, gimió de dolor, su energía y fuerza tambalearon, su vida se estaba vaciando. ¡Y los efectos secundarios espirituales tuvieron que ser igualmente malos o aun peores! David sabía que se había equivocado. Y sabía que no lo podía esconder de Dios.

¿Qué estás pensando?: "Estoy seguro de que no soy pecador de las grandes ligas como David. No he asesinado a nadie o no me he involucrado en pecado sexual. Mis pecados son pequeños. Mis pecados no están hiriendo a nadie". ¿Es esto lo que te estás diciendo?

Jesús puso la seriedad del pecado en perspectiva cuando dijo que aun cuando estuvieras sencillamente enojado con alguien, habrías cometido asesinato en tu corazón (Mt. 5:22). Y aun si codiciaras a una mujer en tu mente, habrías pecado con ella en tu corazón (Mt. 5:28).

Así que lo esencial es que, sea grande o pequeño, si se cometió en público o en secreto, si se hizo público o en tu corazón, el pecado es un insulto a un Dios santo y tiene que ser confesado y abandonado. Amigo, siempre que tú y yo no hayamos confesado un pecado en nuestras vidas, daña nuestra relación con Dios y nuestro crecimiento espiritual. El pecado no confesado también daña nuestra relación con nuestra familia y nuestros amigos.

¿Qué vas a hacer? Estate seguro de tomar algunos minutos para reflexionar en tu propia vida. ¿Hay pecado no confesado en tu corazón? ¿Necesitas reconocer tu pecado ante Dios, como lo hizo David? Como un hombre conforme al corazón de Dios, David confesó su pecado. Entonces experimentó la maravillosa limpieza y el alivio que resulta cuando confesamos nuestras transgresiones y declaramos: "Bienaventurado aquel cuya transgresión ha sido perdonada, y cubierto su pecado" (Sal. 32:1).

Si quieres experimentar la limpieza que viene del perdón de Dios y la libertad de la culpa que causa el pecado, entonces hazte el hábito de confesar tus pecados al Señor. Mientras haces esto, recuerda agradecer a Dios por su perdón. Mientras haces esto, ¡estarás aclarando el camino para un mayor crecimiento espiritual!

3. Abandona la pereza espiritual. En los pasados años, fui parte de un estudio bíblico para hombres los sábados por la mañana en mi iglesia. El estudio comenzaba a las 7:00 a.m., así que tenía que salir de casa a las 6:00 para llegar a tiempo. Cada sábado mientras manejaba a la iglesia, mi ruta me llevó por un curso de golf que estaba lleno de hombres jugando golf. Debido a que los golfistas ya estaban a lo largo del curso, era evidente que habían llegado ahí mucho más temprano en la mañana ¡...como alrededor de las 6:00 a.m.!

   En contraste, cuando llegué a la iglesia, solo un poco de hombres estaba ahí para estudiar la Palabra de Dios. Siempre estuve asombrado de que tantos hombres no cristianos estuvieran deseosos de levantarse tan temprano el sábado por la mañana para jugar golf pero que tan pocos cristianos estuvieran deseosos de levantarse por la mañana para crecer en la Palabra de Dios.

Ahora, no hay nada malo en jugar golf, o en disfrutar cualquier deporte el sábado. Mi asunto (una vez más) es que si estás fallando en apartar algún tiempo para Dios en tu vida y en vez de eso estás eligiendo pasar tiempo en tus propios placeres y proyectos, entonces estás hiriendo tu crecimiento espiritual.

Sé que no es un asunto fácil. Aún después de años de ser cristiano, tengo que evaluar constantemente las elecciones. Aquí hay algunas preguntas que me ayudan y que podrías hacerte tú también. ¿Estoy eligiendo al mundo por encima Dios y su Palabra? ¿Estoy eligiendo pasatiempos y deportes al punto de excluir cualquier tiempo que pudiera pasar leyendo mi Biblia y creciendo en la fe? ¿Estoy eligiendo la diversión al costo de estar en un grupo de estudio de la Biblia?

¿Por qué no invitar al Señor para que te ayude con tus elecciones y tus prioridades? ¿Por qué no determinar pasar tiempo con Dios y su Palabra y tiempo con otros amigos que están estudiando su Palabra? ¿Por qué no comenzar un "programa de salud" y afirmar tus músculos espirituales? De eso se trata el ser un hombre conforme al corazón de Dios.

4. Decide el método de crecimiento. Lo que es fantástico acerca de comenzar un régimen de ejercicios espirituales es que hay tantas herramientas buenas disponibles para ayudarte a crecer. Y, tú puedes designar tu propio régimen para acomodar el calendario de tu escuela, las responsabilidades en el hogar y quizás un trabajo a tiempo parcial.

Puedes comenzar con recursos que te ayuden a estudiar la Biblia por ti mismo. He incluido algunas pautas prácticas sobre cómo estudiar la Biblia al final del libro. Es posible que también te involucres en un emocionante programa de grupo para el estudio de la Biblia con otros amigos que deseen crecer o puedes…

- Escuchar la Biblia o la enseñanza de tu pastor favorito o maestro de la Biblia en disco compacto.
- Ver un seminario o taller en devedé
- Memorizar versículos clave

Crear un plan personal que incluya una o más de las sugerencias arriba mencionadas.

Lo más importante de todo es que leas tu Biblia de forma sistemática. La Palabra de Dios siempre será tu principal alimento espiritual. Una vez escuché la asombrosa estadística de que menos del cinco por ciento de todos los cristianos han leído toda la Biblia ¡una vez! Eso significa que la simple práctica de leer la Biblia regularmente te pondrá en el porcentaje tope del nivel de todos los cristianos.

Amigo, tomar la determinación de leerte toda la Biblia es una decisión que tienes que tomar. Tu pastor de jóvenes no puede hacer esa decisión por ti. Tus padres o amigos no lo pueden hacer por ti. ¡No, tú tienes que decidirte! (Para ayudarte en que esto suceda, no olvides usar el "Programa extremo de adiestramiento espiritual" al final de este libro.)

Definitivamente, tienes que hacer un compromiso para leer la Biblia diariamente, lo que te ayudará en tu meta de crecer espiritualmente. Y mientras que estés en ello, pídele a otro que lea contigo. Ríndanse cuentas.

Descubrirán que dar a conocer tu crecimiento espiritual con un amigo será una fuente de aliento y de ayuda.

5. Determina que te discipulen. Si quieres crecer, es esencial que seas un aprendiz. Una de las mejores formas es encontrar a alguien que te pueda guiar hacia adelante, hacia arriba, hacia la madurez espiritual. Eso es lo que significa ser discipulado o dirigido en las cosas de Cristo.

   Todo hombre que quiera ser un hombre conforme al corazón de Dios se beneficia al tener un modelo que le provea consejería, guía y aliento regularmente. Cuando yo era un joven cristiano, sabía que necesitaba ayuda. ¡Que si la necesitaba! Francamente, no tenía ni idea de lo que debía hacer. Así que busqué a alguien que estuviera más allá en su crecimiento espiritual para que me ayudara en el mío. Solo puedo agradecer a Dios de que no tuve que ir muy lejos, había varios hombres de Dios en la iglesia que acordaron venir a ayudarme.

   Sobre los años, he conocido a varios hombres diferentes que me han ayudado a madurar. ¡Les tengo una tremenda deuda! Y finalmente crecí al punto en que también pude comenzar a pasarles a otros lo que había aprendido.

   La Biblia alienta grandemente a hombres como tú y yo a estar involucrados en tal discipulado. Pablo exhortó a su joven discípulo de esta manera:

   "Lo que has oído de mí ante muchos testigos, esto encarga a hombres fieles que sean idóneos para enseñar también a otros" (2 Ti. 2:2).

   Probablemente has visto una carrera de relevos antes. Bueno, eso es lo que este versículo trae a la mente. Pablo le escribió estas palabras a Timoteo, su discípulo, diciéndole que tomara el batón de la verdad de Dios y lo pasara a otros hombres fieles. Estos hombres fieles tenían entonces que pasarles el batón de la verdad a otros, que tenían que pasárselos aún a otros. Esta carrera espiritual de relevos ha continuado por siglos y ahora el batón ¡se te pasa a ti!

Hermano, tienes que agarrarte de ese batón, correr duro con él y entonces estar seguro de pasarlo a otros. La raza cristiana, humanamente hablado, depende de que pases el batón con fidelidad y con éxito. ¡No le fallemos al Señor en nuestra tarea!

6. Dedica tu vida al crecimiento espiritual continuo. La vida cristiana y el crecimiento espiritual no son carreras de velocidad. Son carreras de larga distancia que requieren una perseverancia de toda la vida. Creces en madurez espiritual de la misma manera que corres día a día y año tras año.

   De muchas maneras, la carrera espiritual es muy parecida a la carrera física. Si dejas de ejercitar físicamente tu cuerpo, puede que no muestre los resultados de la inactividad por un momento. Pero a su tiempo te levantarás y encontrarás que no puedes correr hasta el final de la cuadra, ¡y es un tiempo corto!

   De la misma manera, puedes pensar que puedes estar sin ejercitar espiritualmente, sin leer o ir a la iglesia. Un día, sin embargo, te levantarás y encontrarás que estás fofo espiritualmente, fuera de forma, abierto de par en par al pecado… todo porque no hiciste un esfuerzo concentrado en crecer día a día.

   Y recuerda, no puedes descansar en el crecimiento de ayer. Tienes que dedicarte a crecer hoy… y todos los días.

## El cambio de tu vida a una aventura extrema

Al considerar los pasos que hacen posible el crecimiento espiritual, puede que estés pensando, ¡no es nada fácil!" Es verdad que el crecimiento no sucede simplemente. El crecimiento espiritual requiere motivación de tu parte. Pero los beneficios de tal crecimiento son fenomenales y valen la pena. Aquí hay algunos beneficios que experimentarás cuando concentres tu vida en el crecimiento espiritual, al convertirte en un hombre conforme al corazón de Dios. Además de crecer de una forma más cercana a Dios y de mostrar un comportamiento como el de Cristo a un mundo que observa:

- Poseerás la fuerza espiritual necesaria para defenderte de la tentación.
- Poseerás los recursos espirituales necesarios para encontrarte con los retos diarios.
- Poseerá la sabiduría espiritual para tomar las decisiones correctas acerca de tu futuro.
- Poseerás la madurez espiritual de elegir la clase de amigos y actividades correctas.

Comenzamos este capítulo hablando de la motivación y de metas. Eddie Aikau tenía las dos. Su motivación y deseo lo convirtieron en un atleta de surf de clase mundial. El valor y la habilidad de Eddie Aikau nos han dado el eslogan "Eddie iría". Espero que la historia de Eddie te haya inspirado y retado en tu propia vida personal. Es bueno tener metas físicas para tu vida ahora y para el futuro. Las necesitas.

Pero mientras que ves los beneficios y las bendiciones de crecer físicamente, oro para que además estés motivado a establecer algunas metas espirituales para ti. La vida está hecha de "las grandes", las grandes olas, los grandes retos las grandes decisiones.

Eddie iría. ¿Lo harás tú?

Eddie lo haría. ¿Lo harás tú?

## Decisiones para hoy

Lee de nuevo los seis pasos para seguir el crecimiento espiritual. ¿Qué acciones estás deseoso de tomar hoy en cada una de las siguientes áreas para asegurarte que estás creciendo espiritualmente?

1. Consagra tu vida a Jesucristo. ¿Qué puedes hacer hoy para ser un sacrificio vivo? (Ro. 12:1-2)

2. Trata con el pecado. ¿Hay áreas de pecado inconfesado en tu vida que necesitas admitir a Dios? ¿Cuándo te vas a ocupar de ellas? ¿Cuándo harás negocios con Dios?

3. Desásete de la pereza espiritual. Escribe un programa de ejercicios breves que comenzarás esta semana.

4. Decide el método de crecimiento. ¿Qué materiales de estudio usarás? ¿Has comenzado el plan de lectura bíblica que aparece al final de este libro? Si no, ¿cuáles son tus planes para comenzar?

5. Determina ser discipulado. ¿A quién le has pedido que te discipule? Si no puedes pensar en alguien que te pueda servir de mentor, pídele a tu líder de jóvenes que te sugiera a alguien.

6. Consagra tu vida a un proceso de crecimiento espiritual permanente. Escribe un compromiso con Dios acerca del deseo de crecer espiritualmente. Entonces escribe la fecha. Puedes escribirlo en la Biblia. Haz referencia a este compromiso frecuentemente y recuerda esto hoy.

## Lo máximo

*Procura con diligencia presentarte a Dios aprobado,*
*como [quien] usa bien la palabra de verdad.*
2 Timoteo 2:15

Lee Hebreos 5:12-14. En el momento en que esta carta llegó, ¿qué esperaba el escritor de sus lectores?

¿Qué indica "leche" acerca del nivel de madurez de los lectores de esta carta? (v. 13)

¿Qué indica "alimento sólido" acerca de la deseada madurez de los lectores? (v. 14).

¿De qué es capaz la persona madura? (v. 14)

Después de leer Hebreos 5:12-14, ¿cómo describirías tu nivel de espiritualidad? ¿Eres "un bebedor de leche" o "un comedor de carne? En la escala de 1 (más bajo) a 10 (más alto), ¿cómo marcarías tu habilidad de distinguir el bien del mal?

Nombra tres cosas que son malas.

Nombra tres cosas que son buenas.

Nombra tres cosas que puedes hacer para crecer en madurez espiritual.

4

# ¿Qué hace que seas un hombre conforme al corazón de Dios?

## Parte 1

*Levantándose muy de mañana, siendo aún muy oscuro, salió y se fue a un lugar desierto, y allí oraba.*
Marcos 1:35

Antes de convertirme en pastor, tenía una carrera en la industria farmacéutica. ¿Por qué la farmacia? Quizá porque en mi pueblo natal, el segundo trabajo que tuve fue en una farmacia local. (Mi primer trabajo fue el de mensajero en la tienda de víveres local.) En la farmacia limpiaba el piso, llenaba los estantes y trabajaba como "el mensajero general". Me gustaba el ambiente, estaba limpio, ocupado con gente y se trataba de ayudar a que otros se sintieran bien. Y mi jefe, un hombre cristiano fuerte, hacía que la atmósfera fuera un lugar estimulante y agradable. Me gustaba tanto que comencé a tomar el curso que finalmente llevaba a la graduación de la University of Oklahoma School of Pharmacy (Escuela de farmacia de la Universidad de Oklahoma).

Después de terminar la escuela de farmacia, he trabajado como farmacéutico en farmacias y hospitales. Aun después que entré en el ministerio, continué como oficial de farmacia. Para mantener mi licencia de farmacia, se me exige que sepa las características, o las marcas, que son comunes a todos los medicamentos en cada clasificación de las medicinas. Esto hace posible saber que ciertas medicinas, cuando se usan, obtendrán ciertos resultados. Si los medicamentos no tuvieran ciertas características o marcas, no seríamos capaces de hacer un uso fiable de ellos.

## Un corazón que obedece

¿Te estás preguntando lo que toda esta información acerca de medicamentos y medicinas tiene que ver con ser un hombre conforme al corazón de Dios? Bueno, como las clases de medicina tienen similares características, así también los hombres conforme al corazón de Dios compartirán algunos rasgos. Y hasta aquí hemos considerado lo esencial de la marca. ¿La captaste? ¿La recuerdas?

Un hombre conforme al corazón de Dios es…
un hombre que anhela agradar a Dios,
un hombre que desea crecer espiritualmente,
un hombre que tiene un corazón que obedece.

En nuestro capítulo anterior, descubrimos que David era un hombre conforme al corazón de Dios porque deseaba hacer toda la voluntad de Dios (Hch. 13:22). Esto fue real para David y esto es verdad para cualquier hombre, no importa la edad, que desea ser un hombre conforme al corazón de Dios. Es crucial que sepamos la voluntad de Dios… ¡y que la obedezcamos! Mientras esto es una forma un poco simple de definir todo lo que se involucra en el crecimiento espiritual, es la clave para ser un hombre de Dios, conocer la Palabra de Dios y obedecerla. Esta característica o marca es finalmente lo esencial de las marcas de un hombre de Dios.

A través de los años, he sido bendecido al pertenecer a "la clase honorable de hombres conforme al corazón de Dios" como mentores personales. Fue en estas amistades que descubrí algunas marcas adicionales de piedad. Mientras que presenciaba y observaba las vidas de estos hombres de Dios "de forma cercana y personal" comencé a darme cuenta de que las marcas de los hombres piadosos en la Biblia son las mismas marcas evidentes en todos los hombres de Dios. Mis amigos y mentores poseían las mismas cualidades doradas de los héroes de la Biblia y hombres como Moisés, José, Nehemías, Pablo y por supuesto David.

¿Cuáles son algunas de estas características de un hombre conforme al corazón de Dios? ¿Qué cualidades distinguen a tal hombre, ya sea un hombre como David, que vivió hace 3.000 años, o un hombre como tú y yo, que vivimos hoy? Ya hemos visto en Hechos 13:22 que tal hombre desea obedecer a Dios. Veamos otra marca primaria aquí y entonces examinaremos algunas otras características en el capítulo siguiente.

## Un corazón que ora

Cuando lees a través de la Biblia, se hace claro que los hombres que desearon a Dios eran hombres de oración.

- Abraham, a través de toda su vida, construyó altares e invocó el nombre del Señor (Gn. 12:7-8):
- Moisés estaba de rodillas, orando por la dirección de Dios al guiar la nación de Israel (Éx. 34:8):
- David oró por el perdón de su tonta decisión al enumerar a la gente bajo su dominio (2 S. 24:10):
- Salomón, el gran rey de Israel, oró por sabiduría para juzgar la nación correctamente (1 R. 3:9):
- Daniel hizo una oración de confesión por él mismo y en nombre del pueblo, pidiéndole a Dios que los judíos regresaran a su patria (Dn. 9:2-19):
- Nehemías oró a Dios por protección mientras los muros de Jerusalén se reconstruían (Neh. 4:9):

- Los apóstoles oraron por la guía después de la ascensión de Jesús (Hch. 1:14):
- El apóstol Pablo oraba constantemente por "todas las iglesias" en las que había ministrado (2 Co. 11:28). Estaba además en constante oración "noche y día" mientras que recordaba a los hombres que discipulara (2 Ti. 1:2-3). Cuando le escribió a Timoteo acerca de cómo la iglesia en Éfeso debía adorar, Pablo les urgió a "que se hagan rogativas, oraciones, peticiones y acciones de gracias, por todos los hombres" (1 Ti. 2:1).

Un poco después, Pablo dio esta orientación: "Quiero, pues, que los hombres oren en todo lugar, levantando manos santas, sin ira ni contienda" (v. 8). Es obvio que Pablo veía la oración como un ministerio primario en su vida y quería que todos los cristianos estuvieran también activos en esta importante función de la adoración.

## El dominio del arte de orar

¿Ya disfrutas de una vida significativa de oración? ¡Eso espero! Pero si eres como la mayoría de los cristianos, probablemente hay espacio para la mejoría. ¡Quizás mucho espacio! El problema mayor para mí cuando se trata de orar es que es fácil dejar que las otras cosas desplacen la mayoría de mis oportunidades para las oraciones. Quizás puedes identificarte con ese problema también. J. Oswald Sanders, un respetado maestro de la Biblia y escritor lo puso de esta manera:

> "Dominar el arte de la oración, como otro arte, tomará tiempo y la cantidad de tiempo que le asignamos será la verdadera medida de la concepción de su importancia".[3]

Así que... ¿cuánto nos tomará a ti y a mí dominar el arte de la oración, para desarrollar un corazón que ora?

Tiempo: Obviamente, el tiempo es el elemento principal en desarrollar una vida de oración. Si tú y yo queremos ser hombres conforme al corazón de Dios, necesitamos apartar un tiempo durante el día para desarrollar el arte de la oración y un corazón para orar. Para mí el mejor tiempo para la oración es temprano en la mañana. Tengo más deseos de orar si la incluyo en mi tiempo matinal temprano junto con la lectura de mi Biblia.

En muchas ocasiones (y sé que esto probablemente no suena muy espiritual), oro mientras estoy corriendo. Tomo mi lista de oración en la mano, o en el corazón y comienzo a orar. Al comenzar a golpear el pavimento y orar, parece ser que me pierdo en oración (y como un beneficio añadido, ¡el dolor del trote se pierde!)

Para ti, puede que haya otros momentos del día que sean más apropiados para la oración. (Pero seguro que temprano en la mañana antes de ir a la escuela sería el mejor para ti también.) Cualquiera que sea ese momento recuerdo lo que dijo J. Oswald Sanders: La cantidad de tiempo que le damos a algo indica la importancia que tiene para nosotros. Así que démosle a la oración el tiempo que requiere y merece. Después de todo es una marca, una marca radiante de un hombre conforme al corazón de Dios.

Lugar: Lo otro es que necesitamos un lugar donde podamos hablar con Dios. Ese lugar, como es el mío a menudo, pudiera ser en el carril de carreras o en un camino para montar bicicleta o la acera mientras estás caminando para la escuela, o a la casa de un amigo o a alguna actividad especial. Aun pudiera ser un lugar callado en la casa antes de que la familia se levante, o quizás en tu cama o escritorio. O quizás algún lugar en tu escuela durante la hora del almuerzo.

No tienes que estar en un armario con los ojos cerrados para hablar con Dios de los asuntos y de los deseos de tu vida. Todo lo que tienes que hacer es una elección. En lugar de escuchar la radio o un disco compacto, o pensar en el juego de pelota de la noche anterior, puedes centrarte en Dios y levantar tus oraciones a Él. En un espíritu de adoración, puedes recitar o meditar en las Escrituras. Y puedes orar, hablando con Dios acerca de lo que hay en tu corazón.

Jesucristo es nuestro ejemplo perfecto de hombre de oración. A través de los Evangelios vemos a Jesús tomando tiempo para orarle al Padre por fortaleza y guía para su vida. En Marcos 1:35 leemos el hecho de que tenía tanto el tiempo como el lugar para la oración:

> "Muy de madrugada, cuando todavía estaba oscuro, Jesús se levantó, salió de la casa y se fue a un lugar solitario, donde se puso a orar" (NVI).

Patrón: Además necesitamos un patrón en el cual podemos edificar una vida de oración. ¿Cómo aprendiste a jugar pelota, o montar bicicleta o hacer otra habilidad que ahora es parte de tu vida? Lo aprendiste haciéndolo.

Así es con la oración, aprendemos a orar orando. Mientras que con más regularidad ores, más se convertirá en un hábito y más capaz te convertirás. Entonces, con el tiempo, ganarás en sensibilidad en cómo orar más eficazmente. Además mientras más sistemáticamente vengas a Dios en oración más cuenta te darás de su presencia… y de tu pecado. La repetición establece un patrón, que te ayuda a convertirte en un hombre conforme al corazón de Dios, un hombre que ora.

Estilo de vida: Finalmente la Biblia nos llama a un estilo de vida o a una actitud de oración. Se nos manda a: "Orad sin cesar" (1 Ts. 5:17). Y porque tenemos el Espíritu de Dios viviendo en nosotros, y porque Él sabe por lo que debemos orar (Ro. 8:26-27), podemos estar orando con propósito todo el tiempo, en todo lugar, por cualquier patrón como un estilo de vida. Hermano, ¡un estilo de vida de oración en una marca distintiva de un hombre conforme al corazón de Dios!

Oro porque nuestra discusión acerca de la oración te esté poniendo hambriento para que esta marca del carácter piadoso se convierta en algo más prominente en tu vida. Eso es lo que está animando mi corazón al escribir acerca de esto. (De hecho, estoy resistiendo la urgencia de atarme los zapatos e irme a correr para poder pasar un tiempo orando… ¡porque quiero terminar este capítulo primero!)

Aquí hay algunas sugerencias sobre cómo puedes desarrollar un patrón de oración más serio y coherente en tu vida.

### Sí, ¿pero cómo?

- Comienza donde estés: Para mí, cada vez que estoy fuera del patrón de oración, comienzo con unos pocos minutos cada día.

- Comienza con tus prioridades: Ora por tu crecimiento espiritual, primero. Entonces, ora por tu familia. ¡Tus padres, hermanos y hermanas necesitan tus oraciones! Ora para que seas el hombre de oración de tu familia y en las relaciones de tu familia. Lo otro en el orden de prioridades son tus amigos. La lista se vuelve tan larga, tan…

- Comienza con una lista de oración: Puede ser tan simple como una tarjeta… o tan compleja como una libreta seccionada. Escribe una lista de personas y asuntos que son importantes para ti y para Dios. Entonces, ora fielmente por estas personas y por los asuntos. (Lo grandioso de usar las tarjetas o tu libreta de oración es que puedes meterla en tu bolsillo o en los libros de la escuela o mochila y sacarla en cualquier momento y orar por tu lista de asuntos y personas muy importantes.)

- Comienza a desarrollar un patrón de oración: Lograr el hábito de oración significa orar un día a la vez. La oración es una habilidad aprendida que cualquiera puede desarrollar. Comienza ahora a desarrollar el hábito de oración. Todos los hombres conforme al corazón de Dios oran ¡y eso te incluye a ti!
- Comienza a pedirle sabiduría a Dios: Pídele que te dé sabiduría en lo concerniente a cómo orar (Ro. 8:26-27).
- Comienza a cosechar las bendiciones: Siempre es emocionante cuando vemos a Dios contestar nuestras oraciones, elévale tus oraciones a Él y ¡experimenta las bendiciones que vienen con la oración respondida!

## El cambio de tu vida a una aventura extrema

Ahí está, mi amigo que oras. ¿Quieres seguir a Dios, ser su hombre para influenciar las vidas de otros para su bien, para la eternidad? Entonces la oración es una obligación. Y los efectos secundarios son fantásticos al comenzar a cosechar las bendiciones de la oración respondida. Como amigo y autor, Terry Glaspey, comentó en su excelente libro sobre la oración: "La oración es ciertamente uno de los más importantes factores en nuestro crecimiento espiritual. Se puede decir con absoluta certidumbre que los cristianos que oran son cristianos que experimentan crecimiento".[4]

Estimado hermano, la lista de las marcas de un hombre conforme al corazón de Dios continúa y así será en el capítulo siguiente. Pero antes de seguir, miremos de nuevo lo que hemos descubierto hasta el momento acerca del hombre conforme al corazón de Dios. Él posee...

- Un corazón que es salvo

- Un corazón para la Palabra de Dios
- Un corazón que obedece y
- Un corazón que ora

Tómate algunos minutos para orar ¡para que el tuyo sea ese corazón!

## Decisiones para hoy

¿Has hecho la decisión más importante que necesitas hacer concerniente a la oración; o sea, comenzar a orar regularmente? Si no, ¿qué te detiene? Sé honesto. Entonces enumera dos o tres pasos que tomarás hoy para continuar la aventura de la oración.

Haz una hoja o tarjeta para cada miembro de tu familia. Entonces comienza a orar diariamente por ellos. ¿Sabes qué orar? ¡Entonces pregunta! Pregúntale a cada miembro las necesidades por las que puedes orar, cuáles son los asuntos apremiantes de sus vidas.

Comienza una hoja de oración titulada: "Decisiones que hacer". Enumera tus diferentes decisiones, grandes o pequeñas y llévalas a Dios en oración cada día. Pídele a Dios sabiduría y ayuda. Entonces escribe las respuestas mientras llegan.

Escoge a la persona que te haga más difícil la vida y ora por esa persona diariamente. Haz esto fielmente por un mes, entonces escribe tus pensamientos y actitud de esa persona cambiada como resultado de orar por ella.

## Lo máximo

*Procura con diligencia presentarte a Dios aprobado, como [quien] usa bien la palabra de verdad.*
2 Timoteo 2:15

Lee Mateo 7:7-8. ¿Cuáles son las instrucciones de Jesús concerniente a la oración? ¿Qué promete como resultado?

Lee Marcos 1:35. ¿Qué aprendes acerca de las oraciones de Jesús? ¿De qué manera puedes aplicar esos mismos principios en tu vida de oración?

Lee Filipenses 4:16-18. ¿Cómo puede ayudar la oración cuando tienes problemas y situaciones?

Lee Santiago 5:16-18. ¿Cuál es el efecto de la oración de un hombre justo, un hombre conforme al corazón de Dios, de acuerdo con el versículo 16? ¿Qué se dice de la vida de oración de Elías en los versículos 17-18? ¿De qué manera es la vida de oración de Elías un buen ejemplo para nosotros?

5

# ¿Qué hace que seas un hombre conforme al corazón de Dios?

## Parte 2

*"Dios es Espíritu; y los que le adoran, en espíritu y en verdad es necesario que adoren".*

Juan 4:24

¿Cuáles son las marcas de un hombre conforme al corazón de Dios? Y, ¿cómo puedes desarrollar estas impresionantes marcas en nuestras vidas? Al prepararnos para descubrir más respuestas a esa gran pregunta, te debo advertir con antelación: Estas características no se consiguen fácilmente. Es por eso que no se encuentran en el tipo promedio. No, estas son marcas extremas que distinguen a un hombre excepcional, viejo o joven, de la multitud. Pero eso es exactamente la clase de hombre único que Dios está buscando.

- Un hombre que se pare en la brecha (Ez. 22:30)
- Un hombre que trate honestamente y busque la verdad (Jer. 5:1)
- Un hombre que tenga buena reputación con los de afuera (1 Ti. 3:7)
- Un hombre sin tacha (Tit. 1:6)

¿Deseas ser uno de estos "pocos hombres"? ¿Uno de los pocos marcados? ¿Una de las raras bandas de hombres que influyen positivamente en el mundo? ¡Entonces vamos! Ya hemos examinado dos marcas de tal hombre. Un corazón que obedece a Dios y un hombre que ora. Ahora veamos a algunas otras marcas vitalmente importantes para el hombre comprometido con la extrema aventura de seguir a Dios.

## Un corazón que adora

¿Qué viene a tu mente por lo general cuando piensas en David? Si eres como yo, tiendes a pensar acerca de sus logros como "macho":

- Luchó con un león y un oso.
- Tumbó a un gigante.
- Fue un poderoso hombre de guerra, conquistando muchos enemigos.
- Fue un gran líder.
- Fue un gran constructor que lanzó la obra de "la Ciudad de David".
- Fue temido por sus enemigos.
- Fue uno de los más grandes reyes del mundo antiguo.

No hay duda de que David fue un gran hombre, un líder de líderes, un guerrero de guerreros.

Y sin embargo, David fue un hombre con un corazón tierno hacia Dios. Puede que David no haya hecho siempre lo correcto pero Dios nunca estaba lejos de sus pensamientos. Él conocía el "secreto" de su éxito… ¡y era Dios! En una ocasión David vino delante del Señor en un completo asombro, maravillándose de las bendiciones, preguntándose: "Señor Jehová, ¿quién soy yo, y qué es mi casa, para que tú me hayas traído hasta aquí?" (2 S.

7:18). David no podía creer la bondad de Dios y no pudo sino romper en alabanza.

¡Y hay más! Mientras que lees estas palabras adicionales del corazón de alabanza de David, piensa cómo Dios te ha bendecido. Te has salvado por un Dios de gracia. Tienes el Espíritu viviendo en ti para guiarte, dirigirte y protegerte. No sé nada de tu familia pero imaginaría que tienes padres que te aman y que proveen para tus necesidades. Así que obviamente tienes mucho de qué agradecerle a Dios. Y aun si "faltan" algunas cosas en tu vida, alaba a Dios de todas maneras. Tu Dios amoroso sabe quién eres tú, dónde estás y lo que necesitas. Y ha prometido cuidarte (Sal. 23:1). ¡Así que... alábalo de manera osada y con frecuencia! Y David nos muestra cómo.

David establece un buen ejemplo para nosotros, ¿verdad? Nos muestra que un hombre realmente conforme al corazón de Dios es un hombre que no teme expresar su amor por Dios. Donde quiera que David estuviera, adoraba a Dios a través de la alabanza.

Así que tú también, como hombre que alabas a Dios, no debes vacilar en lo más mínimo en adorarle. Si estás caminando con tus amigos, trabajando en un proyecto, relajándote en tu casa con tu familia, tú como joven debes ofrecerle alabanzas continuamente a Dios (He. 13:15).

## Sí, ¿pero cómo?

¿Cómo puedes alabar a Dios más fielmente? Prueba estas formas:

Medita en el poder de Dios. Raramente paso un día sin pensar en cómo Pabló tomó su fortaleza: "Todo lo puedo en Cristo que me fortalece" (Fil. 4:13). ¿Tienes un problema hoy, un reto que estás enfrentando, un problema en la escuela que tienes que resolver, un asunto en la casa o con un amigo? ¡Entonces, ayúdate con el poder de Dios! Está disponible para ti como se prometió a través de su única poderosa verdad. Recuerda que su poder genera gratitud a Dios… que resulta en alabanza.

Memoriza salmos de alabanza. Me encanta el Salmo 118:24 "Este es el día que hizo Jehová; nos gozaremos y alegraremos en él".

Esa es un "filtro para la actitud" real, por hablar de una forma. Mientras cuadro cada nuevo día y sus retos, ¡este versículo que he memorizado ayuda a ponerle un nuevo giro al día! Pruébalo. Úsalo. Y memorízalo tú mismo. La Palabra de Dios transforma cada día, no importa cuán difícil es tu tarea o tu situación, en algo que vale la pena.

Domina las promesas de Dios. Estimados sobre las promesas de Dios en la Biblia varían de 7.487 a 30.000.[5] Te urjo a que escojas una. ¡Cualquiera! Miro a las promesas de Dios cientos y cientos de veces durante cada día para que me ayuden. Promesas tal como esta: "Bendito sea el Señor, nuestro Dios y Salvador, que día tras día sobrelleva nuestras cargas" (Sal. 68:19, NVI). Encuentro esta promesa alentadora para mí cuando estoy cargado por mucho trabajo, o por una fecha tope de un libro. Quizá te encuentres cargado por las tareas de la escuela, con los problemas de tus amistades o con un calendario cargado. Amigo, ayúdate con esta promesa y observa lo que le pasa a tus cargas. Experimentarás la libertad serán renovadas la confianza y la fuerza. Y entonces querrás alabar a Dios como hizo el salmista.

Maravíllate con las provisiones de Dios. Pablo declaró con audacia: "Mi Dios, pues, suplirá todo lo que os falta conforme a sus riquezas en gloria en Cristo Jesús" (Fil. 4:19). ¡Qué Dios tan maravilloso tienes… Promete que proveerá para todas tus necesidades! Así que tienes aún más razones para alabarle.

Medita sobre el hecho de la presencia de Dios. David nunca cesó de estar asombrado por el hecho de que Dios estaba dondequiera que él iba. Expresó su sobrecogimiento con esta palabra: "¿A dónde me iré de tu Espíritu? ¿Y a dónde huiré de tu presencia?" (Sal. 139:7). ¿No puedes casi sentir los signos de exclamación después de estos pensamientos? La respuesta a cada una de las preguntas retóricas de David es un obvio "en ninguna parte". Piensa en eso. No importa dónde vas. Dios siempre está ahí. No importa lo que suceda a lo largo del camino o cuando llegues. Dios está contigo en todo el camino.

Saber que Dios está contigo en todas partes y todo el tiempo debe influir de forma decisiva en tu punto de vista de la vida. El entendimiento de David de la presencia de Dios lo inspiró a declarar: "A Jehová he puesto siempre delante de mí; porque está a mi diestra, no seré conmovido" (Sal. 16:8). ¡Eso es confianza!

Magnifica al Señor por su protección. El rey Saúl, que se sentó en el trono de David antes de que este se convirtiera en rey, repetidamente lo trató de matar. Así que en mucho de su joven adultez David tuvo que ser extra cuidadoso. A veces tuvo que huir de su propio pueblo debido a las amenazas de muerte de Saúl. Sin embargo, en medio de esas circunstancias que amenazaban su vida, David afirmó: "Aunque ande en valle de sombra de muerte, no temeré mal alguno, porque tú estarás conmigo" (Sal. 23:4). Cada vez que tengas miedo, la paz es tuya cuando recuerdes que estás bajo la mano protectora de Dios.

Amigo, al recordar la presencia de Dios y al alabarle por su poder, sus promesas, su provisión y su protección estarás fortalecido y alentado para enfrentar lo que la vida traiga a tu camino. Así que solo por hoy, pon el Salmo 34:1 en práctica: "Bendeciré a Jehová en todo tiempo; su alabanza estará de continuo en mi boca". Revolucionará tu vida.

## Un corazón que adora

David era un hombre de una pasión extrema, un verdadero hombre conforme al corazón de Dios. Amaba a Dios. Y le encantaba alabar a Dios. Y aun tenía otra profunda pasión: Ir "a la casa del Señor". De hecho añoraba alabar a Dios. Su corazón gritaba: "Una cosa he demandado a Jehová, ésta buscaré; que esté yo en la casa de Jehová todos los días de mi vida, para contemplar la hermosura de Jehová, y para inquirir en su templo" (Sal. 27:4).

Amigo, tú, como David, debes querer alabar, ir a la iglesia, estar con el pueblo de Dios. Es una respuesta natural para cualquiera que ama al Señor con todo su corazón, alma, mente y fuerza (Lc. 10:27). La alabanza semanal debe destacarse por encima de todas tus actividades durante la semana. Debes desear el culto de adoración en tu iglesia con anticipación. Piensa en eso, cuando vayas a la iglesia...

- Oyes que la Palabra de Dios se enseña y se explica.
- Creces en el conocimiento de las verdades principales de la fe cristiana.
- Te unes a otros en la oración corporativa.
- Alabas a Dios con la música.
- Te concentras en otros al orar por los necesitados alrededor del mundo.
- Interactúas con otros creyentes.
- Dejas el mundo por unas pocas horas y participas en algo 100 por ciento puro y bueno.
- Estableces lazos con otros que pertenecen al Señor.
- Estableces amistades basadas en el mutuo amor por el Señor Jesús.
- Estudias porciones de la Palabra para una mejor comprensión.

- Recibes sabiduría para las decisiones que tienes que hacer y los problemas que tienes que enfrentar.
- Aprendes a aplicar la Palabra de Dios a los asuntos de la vida diaria.

¡Ay, ay! ¿Dónde más puedes recibir todo esto... y más?

Y piensa en esto: Tu compromiso a alabar le sirve de ejemplo a otros. Cuando vas a la iglesia tu compromiso con Cristo se ve. Está ahí para que todo el mundo lo vea. Tus amigos, tu familia presencian tu devoción a Dios. Si tu compromiso de alabar a Dios con otros es real la gente lo verá y eso influirá.

Ser un hombre de Dios, un hombre de oración y un hombre de adoración y alabanza puede que no parezca demasiado emocionante o demasiado admirable pero Dios lo dice. Y ahora he aquí otra señal de un hombre conforme al corazón de Dios, que pueda no parecer muy varonil o muy de macho, un corazón que sirve.

## Un corazón que sirve

Poseer un corazón que sirve es otro distintivo de un hombre conforme al corazón de Dios. Nunca ha habido un hombre más grande que Jesucristo. ¿Y adivina qué? Vino a la tierra como un siervo: "el Hijo del Hombre no vino para ser servido, sino para servir, y para dar su vida en rescate por muchos" (Mt. 20:28). ¿Y adivina qué más? Tú y yo que estamos siguiendo el corazón de Dios, debemos seguir los pasos de Jesús (1 P. 2:21), los pasos de la servidumbre.

Un día conocí a un hombre con un corazón para servir. Parecía que hubiera jugado la posición de atrás en un equipo profesional de fútbol americano. Al almorzar juntos, noté que mi nuevo amigo no comía mucho de su alimento. En su lugar, hablaba y hablaba acerca de cómo le gustaba servir a la gente en su iglesia. Estaba tan entusiasmado que gesticulaba mucho mientras hablaba y casi me avergüenzo un poco porque estábamos en un restaurante lleno.

Nada podía calmar la emoción de este hombre al continuar hablando de su pasión por servir a Dios y su pueblo. Constantemente buscaba oportunidades a través de toda la semana para servir las necesidades de sus compañeros miembros de la iglesia, los domingos no podía esperar a llegar a la iglesia para continuar su ministerio de servicio. Este celo del hombre por el servicio parece ser excesivo o anormal a primera vista debido a la orientación de "yo" de esta sociedad en la que vivimos. Pero su deseo extremo de servir es cristocéntrico. Es piadoso. Como dije es otra marca de un hombre conforme al corazón de Dios, un corazón que añora servir.

Como humanos carnales (y egoístas), nuestra tendencia es cuidar de nuestras necesidades primeramente. Nos gusta estar seguros de que tenemos suficiente tiempo para lo que queremos hacer. Entonces si tenemos tiempo o energías sobrantes, podríamos estar deseosos de usarlo para servir a alguien más... quizás.

Pero como hombres conforme al corazón de Dios, tú y yo estamos disponibles como sirvientes de Dios... como estos hombres de la Biblia:

- Dios habló de Abraham como su siervo (Gn. 26:24).
- Josué fue llamado "siervo de Jehová" en su muerte (Jos. 24:29).
- A David también se le llamó: "mi siervo" por Dios (2 S. 7:5).
- La iglesia de Jerusalén llamó a hombres piadosos a servir y a suplir las necesidades de las viudas (Hch. 6:1-6).
- El apóstol Pablo se refirió a sí mismo como sirviente de Dios (Ro. 1:1).

Como puedes ver, el servicio a Dios y a su pueblo no es una tarea insignificante. Esta es una marca de un hombre conforme al corazón de Dios.

## El cambio de tu vida a una aventura extrema

El eslogan de la marina de los Estados Unidos es que están buscando "unos pocos hombres buenos". ¿Por qué unos pocos? Quizás porque han aprendido de la experiencia del combate que "unos pocos hombres" es mejor que muchos hombres "no comprometidos".

El Señor se está buscando "unos pocos hombres". Pero como dijimos al principio del capítulo: "Hombres buenos" son difíciles de encontrar. Espero que como has continuado leyendo, hayas hecho un compromiso de ser uno de los "hombres señalados", uno de los pocos "hombres buenos".

Así que con el compromiso en tu corazón y en tu mente, unámonos, como la banda de los hermanos de Dios y hacer de esta oración nuestro compromiso de ser "hombres señalados" para Jesucristo, de ser audaces, de levantarnos, de hablar y de vivir nuestra lealtad a Cristo:

> Señor, oro para que mientras otros miran mi vida, vean la vida de Jesús brillando a través de mí. Obra en mi vida. Hazme uno de tus "hombres marcados". Que otros que ven estas marcas quieran seguirte también. Prometo que…

…obedeceré tu Palabra sin preguntar,
…oraré sin cesar,
…te alabaré constantemente,
…serviré a otros incondicionalmente.

## Decisiones para hoy

¿Cuán atrevido eres para ofrecer alabanza a Dios en público? ¿Por qué? ¿Por qué no?

¿Cómo puedes encender el calor de tu compromiso por tu iglesia? En tu actitud hacia la iglesia, la gente ahí y a tu servicio. ¿En qué área específica de servicio te puedes comprometer?

En el pasado, ¿cómo has visto el rol de un siervo? ¿Ha cambiado este después de haber aprendido acerca de esta marca de un hombre conforme al corazón de Dios? Enumera una acción de servicio que puedas hacerle hoy a tu familia. A uno de tus amigos. A un enemigo.

## Lo máximo

*Procura con diligencia presentarte a Dios aprobado,*
*como [quien] usa bien la palabra de verdad.*
2 Timoteo 2:15

Lee Filipenses 2:3-8. ¿Cuál es el tema de esos versículos?

¿Qué vida se describe en estos versículos?

¿Qué hizo él? Enumera por lo menos tres hechos.

¿Qué cambios harás en tu vida y en tu corazón, para que puedas cultivar un corazón de siervo? Enumera por lo menos tres.

¿Cómo te alientan estos versículos para alabar y adorar a Jesucristo?

¿Qué dicen los versículos 10 y 11 acerca de la adoración y la alabanza a Jesucristo?

Lee Hechos 6:1-10. En breves palabras describe el problema.

¿Cuál fue la solución?

¿Cuáles fueron las calificaciones de los hombres que se debían seleccionar, hombres que eran hombres conforme al corazón de Dios (v. 3)?

¿Cuál es tu actitud hacia el servicio de rutina?

¿Cómo te ayudan Filipenses 2:3-8 y Hechos 6:1-6 a entender mejor tu rol como siervo?

Segunda parte

# En la pista rápida

6

# Entrenamiento en el "Campamento Hogar"

## Parte 1

*Honra a tu padre y a tu madre.*
Efesios 6:2

El mes era febrero y había estado lloviendo por una semana completa. La tierra era un gran río de fango. Y ahí estaba yo, un soldado raso en el ejército de los Estados Unidos, experimentando en el campo de entrenamiento en Fort Polk, Lousiana. Mi misión: Entrenar para convertirme en un soldado de combate. Mi pelotón estaba en el segundo mes de un ciclo entrenamiento de cuatro meses. Nosotros en el segundo pelotón pasábamos por casi todo estrés físico que se pudiera imaginar. A las 4 de la mañana, nuestros días consistían en una carrera de tres kilómetros antes del desayuno, entrenamiento de combate mano a mano, ejercicios de fuego en vivo, horas de alcance de tiro y planchas más allá de números. ¡Era agotador!

Este entrenamiento era necesario si queríamos estar listos como soldados. Sin haber completado el entrenamiento con éxito, no estaría preparado para la guerra que se estaba llevando a cabo en el sudeste de Asia en ese tiempo.

Ahora, puede que no estés listo para este tipo de entrenamiento que estaba recibiendo en Fort Polk pero estás muy ciertamente listo para este tipo de entrenamiento básico para la vida. Este tipo de entrenamiento es una obligación para todo joven que se está preparando para las batallas de la vida.

Y este entrenamiento se recibe en la avanzada del entrenamiento oficial de Dios llamado: "Campamento Hogar", el lugar donde vives. Tú, como joven recluta tienes que completar este curso de entrenamiento para estar preparado y experimentar la victoria de las batallas de la vida. Puedes resumirlo de esta manera:

> Tu hogar es el terreno de entrenamiento de Dios para tu futuro. Entrena bien y tendrás las herramientas y desarrollarás las habilidades para una vida productiva y de influencia. Fracasa en tu entrenamiento en el Campamento Hogar y la posibilidad de una vida de fracasos aumentará.

Suena muy extremo. ¿Verdad? ¡Bueno lo es! Justo como mi entrenamiento de combate fue extremo pero necesario, así es tu entrenamiento en el hogar. Básicamente el entrenamiento consiste en un mandato de Dios. Y Dios no le da un simple aprobado cuando tiene que ver con este mandato. Él aprueba o desaprueba: "Honra a tu padre y a tu madre" (Ef. 6:2).

Esa es la cosa. Haz esto y aprobarás el currículo para la vida en el Campamento Hogar. Haz esto y estás en la pista rápida para convertirte en un hombre de Dios.

## Honra a tus padres

Este mandamiento en Efesios 6:2 no era un nuevo concepto que al apóstol Pablo se le ocurrió. Dios se lo dio a Moisés en el Antiguo Testamento, en Éxodo capítulo 20. ¿Has oído alguna vez de los Diez Mandamientos? Bueno, honrar a tus padres es el quinto mandamiento.

Los primeros cuatro mandamientos dan instrucciones acerca de tu relación con Dios: No tengas otros dioses, no te hagas ídolos, no uses indebidamente el nombre de Dios y recuerda el sábado y mantelo santo (Éx. 20:1-11).

Los otros seis mandamientos tratan de las relaciones humanas. ¿Y sabes cuál es el primero? Si dijiste: "Honra a tu madre y a tu padre" (v. 12), es correcto. Esa es la primera "orden" de Dios para ti, lo que significa ¡que este mandamiento es extremadamente importante! No es una sugerencia. Es un mandamiento y tú como un joven conforme al corazón de Dios tienes que honrar a tus padres.

Ahora, ¿qué significa honrar a tus padres? He aquí una definición que me gusta porque no deja ninguna duda. Sin agujeros "qué si", "sí pero" o "más tarde, amigos".

> ¿Qué significa honrar a tus padres? En parte "honrar" significa hablar bien y cortésmente de ellos. Además significa actuar de una forma que les muestres cortesía y respeto (pero no debemos seguirlos en hechos de desobediencia a Dios). Los padres tienen un lugar especial a la vista de Dios. Aun a los que encuentran difícil llevarse bien con sus padres se les manda honrarlos.[6]

¿Te diste cuenta de la parte de la cita que dice: "Los padres tienen un lugar especial a la vista de Dios"? ¿Qué tú crees que eso significa? Podríamos decir que Dios está al lado de tus padres cuando se trata de tu entrenamiento. Es un trabajo difícil que se les ha pedido a tus padres. ¿Tú crees que es duro para ti? Todo lo que tienes que hacer es obedecer. Pero esto es lo que tus padres tienen que hacer:

- Dios manda a los padres a enseñar a sus hijos (Dt. 6:7).
- Dios manda a los padres a entrenar a sus hijos (Ef. 6:4).
- Dios manda a los padres a corregir a sus hijos (He. 12:7).

Y tal como tú eres responsable ante Dios por los siguientes mandamientos de obedecer y respetar a tus padres, tus padres son responsables ante Dios por cumplir todos los mandamientos. Así que no seas demasiado duro para con tus padres. Ellos tienen un gran reto de Dios para tu entrenamiento. Cuando las cosas se ponen un poco tensas en tu casa y desearías poder cambiar a tus padres por otros, recuerda que tus padres solamente están tratando de hacer su trabajo.

## La deshonra a los padres

Cada vez que pienso en honrar y obedecer a los padres de uno, no puedo dejar de pensar en varios ejemplos de hombres que no mostraron respeto por sus padres. O dicho de otra forma, fueron hombres que no eran conforme al corazón de Dios:

Esaú era el hijo de Isaac y el hermano gemelo de Jacob (Gn. 25:19-26). No honraba a sus padres pidiéndole su bendición en su deseo de matrimonio. No preguntó y por lo tanto, su matrimonio fue una fuente de pena para sus padres (Gn. 26:35).
Los dos hijos de Elí, el sumo sacerdote de Israel, eran desobedientes y malvados. Y porque Elí no los disciplinó, Dios juzgó a Elí y a sus dos hijos. Los hijos murieron en la batalla y Elí murió cuando oyó la noticia de sus muertes (2 S. 2:12-36).

Estos son unos pocos ejemplos de hombres que no honraron a sus padres y que les trajeron dolor al corazón y pena a sus familias. Pero Dios no tiene que ser así. Añadió una promesa a su mandamiento que debemos honrar a nuestros padres. Él prometió que cuando tú respetes a tu padre y a tu madre, te irá bien y disfrutarás de una larga vida en la tierra (Ef. 6:3). Porque Esaú fue desobediente, las cosas no les fueron bien en su casa. Y la desobediencia de los dos hijos de Elí los condujo a la muerte.

## Verifica la Palabra de Dios

¿Quieres que las cosas te vayan bien en tu casa? ¿Y quieres una vida mejor? Entonces mira estos versículos que Dios escribió especialmente para ti como hijo. ¿Estás listo para alguna obediencia extrema?

> Hijo mío, no te olvides de mis enseñanzas; más bien, guarda en tu corazón mis mandamientos. Porque prolongarán tu vida muchos años y te traerán prosperidad (Pr. 3:1-2).

> Hijos, obedeced en el Señor a vuestros padres, porque esto es justo. Honra a tu padre y a tu madre, que es el primer mandamiento con promesa; para que te vaya bien, y seas de larga vida sobre la tierra (Ef. 6:1-3).

> Hijos, obedezcan a sus padres en todo, porque esto agrada al Señor (Col. 3:20).

## Sí, ¿pero cómo?

¿Ya estás convencido de la importancia de honrar y obedecer a tus padres? La Palabra de Dios es clara en ese asunto. Ahora la pregunta es, ¿cómo puedes mostrar la obediencia y honra a tus padres?

¿Estás listo para algunas respuestas? Entonces comienza donde estás ahora mismo y pídele a Dios que te dé el valor y la resistencia para que veas el entrenamiento completo, no solamente hasta que te gradúes del "campamento de entrenamiento" en la casa, sino por toda tu vida entera. Domina las próximas áreas de tu vida y te pararás erguido y tomarás tu lugar en las líneas del frente de la vida. Serás capaz de ir a las batallas de la vida sabiendo que Dios está a tu lado. Haciendo estas pequeñas cosas hoy te equipará para que hagas las cosas grandes mañana y en la vida.

Tu actitud: Honrar a tus padres comienza contigo. Nadie puede hacer que los honres y los obedezcas. Oh, ellos pueden tratar. Pueden disciplinarte físicamente. Te pueden castigar para siempre. Pueden hacer todo tipo de cosas creativas para hacerte obedecer. Y pueden tener éxito en obtener respuestas positivas de ti... por lo menos desde afuera. "Sí, sí puedo limpiar mi cuarto. Sí, sí, haré esto y aquello", refunfuñas. "¡Cualquier cosa para quitarte de encima!" Pero por dentro, en tu corazón, estás insolentemente diciendo: "Puedo estar de acuerdo desde afuera pero de adentro ¡nadie me va a decir qué hacer!"

¡Bueno, espero que no esté hablando acerca de ti! Quizás estoy hablando acerca del tipo que vive calle abajo o el tipo rebelde en la escuela. No, como un hombre conforme al corazón de Dios, debes desear honrar y obedecer a tus padres. Seguro, puedes que te deslices en algunos de tus viejos hábitos una que otra vez. Y seguro, a veces es difícil obedecer. Pero es importante que entiendas que el campamento hogar es el terreno de entrenamiento para la vida... y la primera lección que Dios quiere que aprendas ahí es la obediencia y respeto a tus padres.

¿Por qué? Porque es un hecho muy probado: Si no puedes o no obedeces a tus padres en la casa, entonces, ¿adivina qué? ¡No podrás ni obedecerás a otros tampoco! Sean tus profesores, tus entrenadores, tus líderes en la iglesia, tus futuros jefes y en última instancia a Dios, no los respetarás y no serás un hombre de Dios.

La obediencia es una disciplina que se aprende en la casa. Nunca serás un hombre conforme al corazón de Dios sin cultivar una actitud de obediencia, una actitud practicada y perfeccionada en la casa.

Tu cuarto: "¡Oh, no, mi cuarto no! ¡Esa es la única área de privacidad! Dices tú. Bueno, no estoy hablando de abrir tu cuarto al público. De lo que estoy hablando es de que mantengas tu cuarto limpio y recogido. Dios creó la tierra y la sacó del caos. Pero la mayoría de los varones que conozco están tratando de revertir la ley del orden de Dios y cambiar el orden al caos.

Sin embargo, un hombre conforme al corazón de Dios hace todo el esfuerzo para cambiar las cosas, seguir el diseño de Dios para el orden, hacer las cosas a la manera de Dios. Debes proponerte dejar las cosas mejores que cuando estaban cuando las encontraste... y eso incluye a tu cuarto. Manteniendo tu cuarto limpio y ordenado es un hábito que te va a llevar lejos en la vida.

Todo porque aprendiste una sencilla disciplina en la casa... en tu cuarto, cuando recogiste tus medias sucias, tú solo, sin que tu mamá tuviera que empujarte con amenazas... te encontrarás siendo mucho más organizado en la escuela, en tu trabajo, en todo lo que hagas. El mantener tu cuarto limpio parece ser una pequeña disciplina, pero es un hábito que influirá de forma decisiva en cada área de tu vida.

## Convierte tu vida en una gran aventura

Debido a que el entrenamiento que estás recibiendo en el Campamento Hogar es tan importante, hagamos una pausa por un momento y pensemos acerca de lo que hemos aprendido por un momento antes de que continuemos con más elementos de entrenamiento en el próximo capítulo.

Habrás oído que la actitud lo es todo. Y especialmente una actitud bíblica hacia la obediencia. Sé que cuando la vida es dura o las cosas no van bien, mantener una actitud correcta es más difícil. Pero solo porque algo es difícil no quiere decir que es imposible.

Con la ayuda de Dios, puedes cambiar tu actitud. Pablo te muestra el tipo de actitud que debes tener: "Haya, pues, en vosotros este sentir que hubo también en Cristo Jesús... y estando en la condición de hombre, se humilló a sí mismo, haciéndose obediente" (Fil. 2:5, 8). Pídele a Dios, Padre, que te dé la misma actitud de humildad que Jesús tuvo, una actitud de obediencia.

## Decisiones para hoy

Lee de nuevo la definición de lo que significa honrar a tus padres. ¿Qué cosa puedes hacer hoy para demostrarle honra y respeto a tus padres? Escríbela. Entonces escribe cómo vas a continuar y hazla.

¿Qué puedes hacer ahora mismo para cuidar de tu cuarto? ¿Qué has pospuesto, desatendido o deliberadamente rechazado hacer? Honra a tus padres y a Dios haciéndolo ahora.

¿Cómo describirías tu actitud en la casa? ¿Cómo describirían tus padres tu actitud? ¿Cómo la describirían tus hermanos y tus hermanas? ¿Necesitas una actitud de ajuste? ¿Qué cambios específicos harás? Pídele a Dios la fuerza para seguir. En una semana hazte estas mismas preguntas de nuevo y chequea tu progreso.

## Lo máximo

*Procura con diligencia presentarte a Dios aprobado, como [quien] usa bien la palabra de verdad.*
2 Timoteo 2:15

Lee Hebreos 12:1-3. ¿Qué se le pidió a Jesús que hiciera? ¿Cuál fue su actitud cuando enfrentó la cruz? ¿Cuál debe ser tu actitud para cumplir la voluntad de Dios para tu vida, especialmente obedecer a tus padres?

Lee el Salmo 40:8. ¿Qué actitud tuvo el escritor hacia Dios y su voluntad? ¿Consideras que te "deleitas" y "deseas" hacer la voluntad de Dios o te "desagrada?" ¿Hay cambios que debes hacer?

Lee Lucas 2:41-52. Describe esta escena familiar. ¿Quiénes son estas personas? ¿Cuáles son los lugares? ¿Qué sucedió? Al final, ¿cómo honró Jesús a sus padres?

¿Qué nos enseñan estas Escrituras acerca de la obediencia de Jesús a la voluntad de su padre celestial?

Lucas 22:42

Juan 5:30

Juan 6:38

Juan 17:4

Hebreos 10:7, 9

¿Qué aprendes del ejemplo de Jesús?

7

# Entrenamiento en el "Campamento Hogar"

## Parte 2

*Tú, pues, sufre penalidades como*
*buen soldado de Jesucristo.*
2 Timoteo 2:3

Avanza conmigo en la carrera militar. No es febrero en Louisiana. Es agosto… en medio del desierto Mojave. Y no está lloviendo. De hecho, no ha llovido en dos años. Estamos a 80 kilómetros de ninguna parte, en el Desert Warfare Training Center (Centro de Entrenamiento del Desierto), donde la mayoría del entrenamiento del ejército de los Estados Unidos se lleva a cabo.

El amanecer está rompiendo. La temperatura ya es de 29 grados Celsius, y son solamente las 6 de la mañana. Más tarde en el día el calor alcanzará 46… ¡a la sombra! Soy un oficial de la reserva del ejército a cargo de una estación de ayuda médica. El trabajo de mi equipo es tratar a las diferentes heridas de los que están trabajando en los tanques, vehículos blindados y bajo condiciones extremas de calor. (Ah, ¿fallé en mencionar las serpientes, escorpiones y las pulgas de mar?)

Mis hombres y yo estamos "en el campo" donde yo había pasado la noche en una de las camillas de nuestras ambulancias. No, no estaba herido. ¡Era simplemente el mejor lugar para dormir!

Temprano en la mañana, de pronto me desperté debido a un ruido sordo. Al rodar fuera de la camilla, el ruido y el zarandeo de la ambulancia se incrementaron notablemente. Había dormido en mi uniforme de trabajo, así que me fue fácil llegar a la cima del chasis encima de nosotros. Afuera en la distancia, puedo ver una nube de polvo.

Sé exactamente lo que es. Sé además que pronto el sonido será muy ensordecedor y el temblor de la tierra tan severo que malamente podré pararme debido a los miles de tanques de combate Abram M1 retumbando hacia nosotros desde el desierto. Estos cientos de tanques y hombres han estado entrenando para la guerra.

Poco sabía yo o alguien más que algunos meses más tarde, muchos de estos hombres y sus tanques estarían en los desiertos del Oriente Medio luchando contra Sadán Hussein en la guerra del Golfo Pérsico.

## La continuación del entrenamiento

En el capítulo anterior, comenzamos a hablar acerca del entrenamiento, el entrenamiento para la batalla. Y la batalla no es por un pedazo de tierra, sino por un corazón. Hemos estado discutiendo las disciplinas que te preparará para el campo de batalla de la vida, por una vida que honrará a Dios y servirá a otros.

El punto de partida de este entrenamiento es honrar y someterte a tus padres. Ya hemos considerado algunos de los beneficios de por vida para desarrollar y sostener una actitud positiva hacia tus padres al hacer su parte para prepararte para tu futuro. Y recuerda, un elemento clave de esta actitud positiva es la sumisión.

¿Por qué es la actitud de sumisión importante? Considera mi yerno Paul, que se unió a la marina de los Estados Unidos. Y se le consideró un alférez. Pero entonces vino la *OCS* (Escuela para Candidatos a Oficial). La marina envió a Paul al campamento de entrenamiento, al que llegó la primera noche justo a tiempo para la "jama" ("comida" en la jerga militar). Cada nuevo recluta caminó hacia el comedor ("la sala del desorden", otro término del argot militar) y ¿adivina lo que nos estaba esperando a cada uno? ¡Bandejas apiladas solo con arvejas!

En ese momento Paul tomó una decisión. ¿Obedecería las órdenes y se comería los guisantes (a los que aborrecía) o no? Estoy seguro de que muchos pensamientos fluían a través de la mente de Paul en ese mismo momento. Pero como había sido entrenado a obedecer en la casa, fue fácil obedecer el ejercicio de sargento en *OCS* y engullirse sus malvadas, pálidas, recocinadas arvejas. Hoy Paul es teniente y se ha ganado sus "delfines" como submarinista. Se le tuvo confianza para que se convirtiera en oficial debido a su probada confiabilidad mediante la obediencia.

Ya he mencionado cuán importante es obedecer a tus relaciones con otras personas. Pero no he mencionado todavía el efecto que tiene "seguir órdenes" en tus relaciones con Dios. ¡Y esto es realmente crucial! Se ha dicho que "un hijo tiene que aprender la obediencia en el hogar o nunca aprenderá la obediencia hacia su padre celestial".[7] Es realmente verídico que el respetar y obedecer a tus padres te prepara para ser obediente a tu autoridad fundamental, Dios.

Con este hecho fresco entre nosotros, miremos a algunas de las pequeñas pero importantes cosas que puedes hacer para entrenarte a ti y a tu corazón en el Campamento Hogar. Y recuerda, son estas pequeñas cosas que te impulsarán a la pista rápida para que sigas adelante en la vida.

Tu cooperación: ¿Has jugado alguna vez deportes de equipo? Probablemente lo has hecho, aun si ha sido football callejero, al frente del césped, o al baloncesto en el parque, o en un torneo de voleibol en la playa. Para que tu equipo lo haga bien, ¿qué tiene que suceder? Todo miembro del equipo tiene que cooperar, ¿verdad? Bueno, así es también contigo y con tu familia para vivir en unidad y armonía (Sal. 133:1). Él quiere que lo glorifiques como honras y obedeces a tus padres (1 Co. 10:31).

Probablemente tus padres quieren que la familia funcione como un equipo. Y tu misión de trabajo de parte de Dios es que cooperes. Sí, a veces será difícil para ti. Habrá tiempos en los que no puedas ver la razón por las exigencias que tus padres te están haciendo. Pero como joven conforme al corazón de Dios, continuarás con una actitud agradable y positiva y obedecerás a tus padres.

He aquí de la forma en que funciona: Si tus padres quieren que tú y tu familia vayan a la iglesia, ve. Si quieren que regreses a la iglesia por la noche, ve. Si necesitan que cuides a tu hermanita o hermanito mientras van a un mandado, hazlo. Si necesitan ayuda en la casa, dala. Si quieren que veas menos televisión, ve menos televisión. Cualquier cosa que se necesite o se te pida por tu familia, dala. ¿Por qué? Porque un hombre conforme al corazón de Dios coopera. Es un jugador de equipos. Ayuda en el equipo para que sea un ganador ante Dios y ante un mundo que observa.

¿Y el beneficio? Aprenderás a ser un jugador de equipo para todas las veces que necesites serlo en el futuro... en tus trabajos, en el matrimonio, en la familia, en la iglesia, ¡cualquier cosa... aun si significa comer guisantes!

Tu honestidad: ¿Quieres estar del lado de Dios? Entonces no mientas. Dios dice que Él aborrece siete cosas y una de ellas es "la lengua mentirosa" (Pr. 6:17). Decir mentiras es ofensivo, deshonesto e incorrecto.

La verdad comienza en el hogar. Aprende a ser honesto con tus padres. La honestidad es importante en las cosas pequeñas de la vida. Digamos que tus padres te hacen una pequeña pregunta. Las consecuencias de mentir en tu respuesta son menores pero aún, hay consecuencias. Ahora tienes una decisión que hacer: Puedes decir una "pequeña mentira blanca" o puedes decir la verdad. Cada vez que mientas o que digas la verdad, estás formando o un mal y pecaminoso hábito, o un buen y piadoso hábito. Si aprendes a mentir en la casa, finalmente encontrarás fácil mentirle a tus amigos, a tus profesores en la escuela o a tu pastor de jóvenes, a tu futuro jefe... y a Dios.

Así que no te acostumbres a mentir. Comienza a decir la verdad en la casa. Sé honesto con tus padres y con tus hermanos y hermanas también y serás honesto con otros, incluyendo a Dios.

Tus oraciones: Yo no sé lo que sucede con nosotros los varones pero no nos comunicamos mucho. A las muchachas les encanta hablar. Hablan entre ellas, con sus padres, con sus profesores, con cualquiera que escuche, incluyendo a Dios. Parece que a la hora de orar en un grupo de jóvenes, generalmente las muchachas son las que se ofrecen para orar.

Bueno, aun si nosotros los varones no nos comunicamos mucho con los otros, todavía necesitamos desarrollar nuestras habilidades para comunicarnos con Dios. Eso no es solamente porque las oraciones cambian las cosas, sino porque la oración también nos cambia a nosotros y a nuestros corazones. ¿Amas a tus padres, a tus hermanas y a tus hermanos? Yo sé que sí. Entonces uno de los actos mayores de amor que les puedes dar es orar por ellos. Así que, ¿por qué no mostrarles tu amor por ellos? ¡Ora por ellos!

Piensa en ello por un momento. ¿Quién está orando por tus padres? ¿Quién está orando por tu papá que trabaja largas horas para proveerte a ti y al resto de la familia? ¿Y qué de tu mamá? ¿Quién está orando por todos sus roles y responsabilidades? Quizás tus abuelos son fieles para orar por tu familia. Pero es muy posible que ¡nadie lo esté haciendo! Así que ora por ellos. Si están estresados o están pasando por un tiempo difícil (y probablemente lo están), ora por ellos. Nunca podrás orar demasiado por tus padres y por los miembros de la familia.

Y no olvides orar por ti también. Ora por tu actitud. Ora por un corazón obediente. Ora por sabiduría para decir y hacer las cosas correctas en la casa, en la escuela y en la iglesia. A veces parece que crecer es un largo viaje. Pero con Jesús como tu amigo y guía, nunca estás solo. Habla con tu amigo Jesús. Él siempre está ahí para escucharte y conducirte en el viaje.

Tu dinero: Tu administración del dinero es otra área en la que el Campamento Hogar puede ser una ayuda valiosa. Cuando estaba creciendo, mis padres me enseñaron dos hábitos que han permanecido conmigo hasta este día.

Primero, mi madre me enseñó cómo darle dinero a Dios. (En primer lugar es todo suyo, ¿sabes? Solo nos está pidiendo que seamos administradores de su dinero y de cuidarlo.) Cada sábado mi madre y yo nos sentábamos y poníamos el dinero que íbamos a dar en el sobre de las ofrendas de la iglesia. Entonces, el domingo en la iglesia, juntos lo depositábamos en el plato de las ofrendas mientras pasaba. Hoy es muy fácil y natural para mí que le dé dinero a Dios y a la obra de Dios. ¿Por qué? Porque así se me entrenó en la casa.

¿Y tú qué? ¿Te estás entrenando para darle a Dios una porción de tus entradas, aunque el dinero sea de tus tareas domésticas, o de un trabajo a tiempo parcial o aun de tu mensualidad? Dios será honrado y tú serás bendecido cuando des.

Entonces mi papá me enseñó a ahorrar dinero. Cada semana me llevaba al banco local y se paraba conmigo mientras yo depositaba mis escasas ganancias en mi cuenta de ahorros. Ahorrar, como dar, se convirtió en un hábito arraigado que nunca me ha dejado.

Mi amigo, obviamente hay mucho más para una sabia administración del dinero. Pero si aprendes estos dos principios básicos, cómo darle dinero a Dios y ahorrar dinero, estarás bien avanzado en el camino de manejar el dinero de Dios bien, como fiel administrador. Así que comienza tu entrenamiento financiero hoy, en tu mismo hogar.

Tu servicio: ¿Quién piensas que fue el más grande líder que jamás vivió? La mayoría de la gente probablemente nombraría a algún general famoso o a un gran estadista. Pero estoy seguro de que tú, como yo, mencionaríamos acertadamente a Jesucristo como el más grande líder que haya vivido... y que aún vive hoy. ¿Por qué? No solo porque es el salvador de todos los que ponen su fe en Él, sino porque además inspiró y está aún inspirando a mujeres y hombres jóvenes y viejos, negros y blancos, ricos y pobres a seguirlo. ¿Te acuerdas de lo que aprendimos anteriormente en Mateo 20:26-28? ¿Recuerdas lo que Jesús dijo de la característica más importante de alguien que quiere ser un gran líder? ¿Una cualidad que el mismo Jesús poseyó y deliberadamente demostró en su vida?

La respuesta es un corazón de siervo. Jesús dijo sé un siervo y serás grande. ¿Y dónde mejor puedes ser entrenado como un siervo que en tu propia casa? En toda oportunidad, pregúntale a tus padres y a tus hermanos y hermanas las tres pequeñas palabras de un siervo. "¿Cómo puedo ayudar? Desarrolla el hábito de usar estas tres palabras en la casa y un día serás grande, serás un gran líder-servidor. Y serás un hombre conforme al corazón de Dios.

He aquí lo que uno de los líderes de una iglesia grande escribe acerca de ser un siervo, acerca de la humildad que fomenta y de los resultados que resulta:

> "Si quieres ser grande de acuerdo con Jesucristo, sé un siervo. La humildad cambia nuestra atención hacia afuera, a otros y fuera de nosotros. La humildad nos llama a servir a Dios, nuestro principal jefe, sirviendo a otros...La humildad realzará tu liderazgo a cualquier nivel".[8]

Y amigo, todo comienza en el Campamento Hogar"

## El cambio de tu vida a una aventura extrema

¿Cómo va tu entrenamiento de combate hasta el momento? El Campamento Hogar es un poco duro. ¿Verdad? Bueno, estoy seguro de que sabes lo que el entrenador siempre dice: "Cuando la ida se pone difícil, lo difícil comienza a ir". Y además, nadie dijo que iba a ser fácil. De hecho Jesús dijo: "En el mundo tendréis aflicción" (Jn. 16:33).

Prepararte para convertir tu vida en una aventura extrema viviendo para Dios, en el hogar o lejos del hogar, es una tarea estimulante. Pero una que se debe dominar si vas a ser exitoso en la vida. Si vas a ser un hombre conforme al corazón de Dios. Dios ha provisto el lugar perfecto en el Campamento Hogar para que obtengas el entrenamiento básico que necesitas.

Considérate como una de las "fuerzas especiales" de Dios, como el estar en la misión de Dios. Y especialízate siguiendo esta sugerencia que el apóstol Pablo le dio a otro soldado joven: "Tú, pues, sufre penalidades… como buen soldado de Jesucristo" (2 Ti. 2:3). Te urjo… estate deseoso de pagar el precio que se te requiere en tu hogar:

- Obedece a tus padres
- Sigue su liderazgo
- Aprende de su sabiduría
- Busca su consejo

Al desarrollar tu carácter en el Campamento Hogar, crecerás al poner de manifiesto el tipo de conducta en la vida que honra a Dios… y a tus padres.

## Decisiones para hoy

¿Te puedes identificar con la decisión de mi yerno con relación a las arvejas que le dieron en el comedor? ¿A cuáles de las peticiones de tus padres te estás resistiendo? ¿O qué decisión dura estás enfrentando hoy? ¿Qué te está deteniendo para "seguir órdenes"?

Cómo evaluarías tu cooperación:

| | | | |
|---|---|---|---|
| Con tus padres | Pobre | Bastante buena | Buena |
| Tus hermanos | Pobre | Bastante Buena | Buena |
| Tus amigos | Pobre | Bastante Buena | Buena |
| Tu escuela | Pobre | Bastante buena | Buena |

¿Qué puedes hacer para mejorar en el área de cooperación?

¿Cuál es tu actitud hacia el dinero? ¿Qué pasos estás dando para ser un mejor administrador de tu dinero?

¿Qué harías si te encontraras una billetera en la acera al estar caminando a tu casa (y nadie está por los alrededores… ¡y hubiera dinero en la billetera!)? O de otra manera, ¿cómo te evaluarías en el área importante de la honestidad? ¿Qué mejoras puedes hacer?

## Lo máximo

*Procura con diligencia presentarte a Dios aprobado,*
*como [quien] usa bien la palabra de verdad.*
2 Timoteo 2:15

Lee Proverbios 6:17-18 y nota las siete cosas que Dios odia.

¿Qué dice acerca de la mentira?

¿Qué dice acerca de la cooperación?

Lee de nuevo Santiago 5:16-18. ¿Qué se requiere para que tus oraciones sean efectivas?

¿A quién se le dio el ejemplo de un hombre justo?

¿Cuál fue el resultado de sus oraciones en…

el versículo 16?

el versículo 17?

¿Qué te enseñan estos versículos de Santiago acerca de tu propia vida de oración?

8

# El camino hacia algún lugar que valga la pena

*Y Jesús crecía en sabiduría y en estatura,*
*y en gracia para con Dios y los hombres.*
Lucas 2:52

No tuve oportunidad. Crecí en un pequeño pueblo en Oklahoma donde la mayoría de los hombres trabajan en una fábrica.

Una educación media superior era lo que la mayoría de los muchachos querían o necesitaban para obtener un trabajo ahí. La educación para nosotros no era gran cosa. ¡*Pero no importa*, pensábamos, *siempre había una fábrica en el pueblo!* Había suficiente trabajo por los alrededores, ¿cierto?

¡Falso! La fábrica cerró justo cuando terminaba mi año superior.

¿Entonces qué tiene que hacer un hombre? Si hubieras sido como la mayoría de mis amigos que confiaban en la fábrica y pensaban que una educación de segunda enseñanza era suficiente para obtener un trabajo, tendrías un gran problema. Triste es de decir, esa era la situación para la mayoría de los amigos que no habían tomado seriamente la escuela porque contaban con obtener un trabajo en la fábrica.

Afortunadamente, el señor Walker vino a mi auxilio durante el segundo año. Estaba trabajando en un supermercado empaquetando comestibles. Disfrutaba el trabajo y aun había ganado algunos de los "concursos de empaquetar". Sin embargo, el señor Walker, uno de los farmacéuticos se me acercó un domingo y me ofreció un trabajo en su farmacia. Había acabado de recibir mi licencia de conducción y el señor Walker quería que trabajara como mensajero (y hacer algunos otros trabajos en la farmacia). ¡Qué trato, podía manejar el camión de entrega por todo el pueblo y dejar que otro pagara la gasolina! ¡Y obtendría quince por ciento la hora de aumento *por darle al pedal*!

## Afila tu atención

¿Has oído alguna vez el dicho: "Apunta a nada y siempre le darás"? Bueno, eso fue lo que le ocurrió a muchos de mis amigos en la escuela secundaria. Y yo iba por el mismo camino... hasta que vino el señor Walker. Comenzó a trabajar conmigo dándome instrucciones para mi vida. Me involucró poniéndome en una pista más cierta hacia el éxito. Y pronto, me hizo interesarme en el trabajo de farmacia.

De pronto, tuve una dirección, un foco. Supe dónde iba. Quería ser farmacéutico. Eso significaba que tenía que ir a la universidad... que significaba que tenía que irme bien en la escuela... que significaba... pienso que puedes ver dónde voy con todo esto, ¿verdad?

Todos tenemos una elección: Podemos ir a la deriva a través de la vida, tener esperanza en que la fábrica (o la estación de gasolina, o la tienda de reparaciones o lo que sea) no cerrará, o podemos enfocarnos en nuestro futuro, hacer lo mejor que podamos en la escuela y activamente prepararnos para la jornada en el futuro. Toma trabajo hacer algo de uno en la vida. Y es aún mejor si uno no tiene que esperar para que el señor Walker venga. Comienza a prepararte ahora... enfocándote, estableciendo metas y trabajando duro. Entonces, lo que Dios te ponga en tu camino... y donde Él te ponga... estarás preparado para la aventura.

Aquí hay algunos versículos de la Palabra de Dios que se enfocan en escuchar, aprender y en crecer. Sigue la sugerencia y entonces, estarás en la pista rápida de una aventura extrema que lleva derecho al plan de Dios para la vida.

Oirá el sabio, y aumentará el saber,
Y el entendido adquirirá consejo (Pr. 1:5).

Hijo mío, no te olvides de mi ley,
Y tu corazón guarde mis mandamientos;
Porque largura de días y años de vida
Y paz te aumentarán (Pr. 3:1-2).

Porque Jehová da la sabiduría,
Y de su boca viene el conocimiento y la inteligencia (Pr. 2:6).

Antes bien, creced en la gracia y el conocimiento de nuestro
Señor y Salvador Jesucristo (2 P. 3:18).

## Sí, ¿pero cómo?

Hace poco estuve en una base naval de los Estados Unidos. Cerca de casa. Mientras que estaba ahí un marinero pasó cerca con una camiseta con estas palabras:

Marina extrema
Mares agitados
Cubiertas de vuelo tirando…
No lo puedes hacer
¡Tienes que llevarlo al extremo!

Amigo, cuando se trata de ir a algún lugar que valga la pena, nunca llegarás sin preparación. Si quieres tener éxito, entonces tienes que tomar medidas extremas (¡por lo menos son extremas por las normas de hoy!) Vas a tener que tratar de que te vaya bien en la escuela, en la escuela técnica o en la universidad, una aventura extrema lleva entrenamiento. Así que, ¿cómo vas a conseguir este entrenamiento?

Primero tienes que reconocer el plan de Dios… y comenzar a pensar en tu responsabilidad hacia Él. (Sé que a los varones no les gusta siempre oír esto pero lo necesitan oír.) Si eres cristiano, Dios te está llamando para que cumplas con tus obligaciones y las responsabilidades en la casa, en la escuela y en el trabajo. No puedes saltarte cualquier parte de la vida que sea desagradable y esperar a tener éxito. Por ejemplo, un marinero tiene que ir a un campamento de entrenamiento primero.

Solo piensa en Jesús. Era Dios en un cuerpo humano. Vivió su existencia humana de una manera normal. "crecía en sabiduría y en estatura" (Lc. 2:52). Nada fue dejado fuera de su vida o de su crianza… incluyendo el proceso de enseñanza. Porque no se saltó lo básico, fue capaz de cumplir su propósito de venir a esta tierra. Dios Padre tenía un plan para Jesús. Y ese plan incluía el proceso normal de desarrollarse física, mental y prácticamente. Y adivina ¿qué? Dios tiene un plan para tu vida, un plan que necesitas seguir. Este curso normal incluye actividad física y relaciones familiares, y (lo adivinaste) aprender a trabajar en la casa. Y exige educación y el entrenamiento que te capacitará a crecer en sabiduría, conocimiento y disciplina personal.

Mi aliento para ti es que aceptes el trabajo requerido para que crezcas en madurez espiritual. Reconoce el plan personal de Dios para el crecimiento en tu vida ahora mismo.

(¡Él de seguro, más que nadie, quiere que tú vayas a algún lugar que valga la pena!) Y dale una oración de "gracias" a Él por sus planes para el futuro.

Segundo, debes darle la bienvenida al plan de Dios. ¡Debes darle las gracias a Dios que tiene planes para ti! Piénsalo, el Dios del universo tiene un plan especialmente diseñado para ti. ¡Ahora eso es realmente increíble!

Así que, disfruta el hecho de que tienes un futuro sorprendente para ti alrededor de cada esquina. Seguro, no sabes lo que Dios te ha planeado pero debes emocionarte para prepararte para esto y anticiparlo. Y no importa la clase de trabajo que obtengas, toda clase de trabajo requiere que te prepares para él. Toda profesión es exigente y por lo tanto requiere una preparación concentrada ahora.

Tercero, tienes que superarte en el plan de Dios. La Biblia dice: "Y todo lo que hagáis, hacedlo de corazón, como para el Señor y no para los hombres" (Col. 3:23). Ese "trabajo" para ti como joven en alza incluye tu trabajo en la escuela. Necesitas desarrollar hábitos de estudio necesarios para que te vaya bien en la escuela. Necesitas trabajar duro. Y necesitas desarrollar habilidades para la vida.

Y he aquí otra "necesidad": Ridículo como pueda sonar, necesitas mantenerte leyendo, o aprender a leer mejor.

E increíblemente, las investigaciones nos dicen que los hombres adultos no han leído un libro ¡desde la escuela secundaria! Si quieres prevalecer en la aventura extrema llamada "aprendizaje" entonces tienes que desarrollar y mantener las habilidades de lectura. Nunca te superarás en ninguna área si no lees. Como dice el dicho: "Un líder es un líder". Yendo de nuevo a la camiseta del marinero. No solamente lo puedes hacer, ¡tienes que llevarlo al extremo!

¿Estás de acuerdo con que la disciplina mental es necesaria para que ganes la información que necesitas para vivir una vida de sabiduría y de aventura? Notarás que no dije que la excelencia académica te da sabiduría. No, tu duro trabajo en la escuela te da conocimiento, el conocimiento, eso es importante. Pero nota esto también, el conocimiento no es tu meta en la educación. ¡Hay muchos tontos educados en el mundo! No, en vez de un mero conocimiento, tu meta es obtener sabiduría (Pr. 4:5-7). La sabiduría es la aplicación apropiada de los conocimientos y de la información. ¡Eso es lo que quieres… y necesitas!

Finalmente, tienes que ser el modelo de Dios para otros. ¡Ir a alguna parte que valga la pena necesita medidas extremas! A veces no queremos sobresalir, pero si estás llevando las cosas al extremo, entonces aquí hay algunas preguntas que te debes responder: Si alguien me observa en la escuela...

- ¿Dirían que soy diferente?
- ¿De qué manera dirían que soy diferente?
- ¿Dirían que soy diferente, porque soy cristiano?

Si estás imitando a Jesucristo en tu escuela, entonces podrías responder estas preguntas afirmativamente. Tu escuela es un campo de entrenamiento importante para vivir la vida extrema de un cristiano. Tienes que decidirte a quién estás agradando con tu vida. ¿Es a tu amigo, o es a tu amigo Jesús?

Y he aquí otro pensamiento antes de que continúes: Si estás teniendo un momento difícil por Cristo en la escuela, entonces tendrás un tiempo difícil al vivir por Cristo en el mundo. La imitación que hagas de Cristo en tu escuela hoy probablemente es la que harás en el futuro en tu vida cuando seas adulto.

Vive para Cristo hoy y vivirás para Cristo mañana.

## El cambio de tu vida a una aventura extrema

Recientemente almorcé con uno de mis amigos de la escuela secundaria. No nos habíamos visto desde hacía m-u-c-h-o tiempo, así que teníamos muchas cosas que contarnos. Nos hicimos preguntas acerca de los compañeros de clases y dónde estaban hoy. Fue muy triste oír que la mayoría de nuestros amigos no habían pensado mucho en ir a un lugar que realmente cuenta. No habían enfocado sus esfuerzos a lo largo del camino en la aventura extrema que estaba delante. Y como resultado nunca se habían preparado para ningún viaje.

¡Yo no quiero eso para ti, amigo! No quiero que las personas en los años venideros se sienten a hablar de ti y de las aventuras que pudiste... pero no las tuviste porque no estabas preparado.

No me malentiendas, me doy cuenta de que la educación formal no lo es todo y que algunos pueden sobrevivir sin el entrenamiento que reciben en la escuela... pero no muchos. Y además quiero decir de nuevo que tu relación con Jesucristo es la parte más importante de tu desarrollo. Si no haces nada más que crecer en el conocimiento y la fe de Jesucristo y "crecer en el favor de Dios", entonces eres uno de los mejores estudiantes.

Pero déjame rápidamente añadir que es útil que obtengas el entrenamiento que te ayudará a crecer en la "gracia de los hombres".

Esto te hará un hombre completo, un hombre que esté listo para los mares picados, los vientos altos y las cubiertas arrojadizas de la vida. Esto te hará un hombre completo, un hombre que puede llevarlo al extremo, ¡un hombre conforme al corazón de Dios!

## Decisiones para hoy

Observa tu vida esta semana pasada. ¿Cuántas horas piensas que pasaste en estas tres áreas?:

Horas que pasaste jugando (con juegos de computadoras, mirando la televisión, etc.)

Horas con amigos

Horas en deberes

¿Qué revelan tus respuestas acerca de tus prioridades? ¿Hay algunos cambios que necesitas hacer?

¿Cómo clasificarías tus influencias cristianas en tu recinto universitario? ¿Eres un cristiano "secreto"? Por favor, explica tu respuesta.

¿Hay otros cristianos en tu escuela? ¿Qué te costaría unirte con algunos de ellos para que des cuentas de tu responsabilidad y que oren los unos por los otros para que tu testimonio sea perceptible y audaz?

Honestamente evalúa la actitud de tu corazón acerca de la escuela y de los deberes. ¿Estarías deseoso de orar todos los días esta semana para que Dios te ayude a tener una actitud importante hacia esta área de tu vida?

## Lo máximo

*Procura con diligencia presentarte a Dios aprobado, como [quien] usa bien la palabra de verdad.*
2 Timoteo 2:15

¿Qué te enseñan estos proverbios acerca de la importancia de la sabiduría y del conocimiento y qué te enseñan acerca de lo que has ganado?

Proverbios 2:6

Proverbios 4:5

Proverbios 4:7

Proverbios 9:10

Enumera tres cosas que puedes hacer para crecer en sabiduría y en conocimiento.

Lee Daniel 1:1-7. Describe el proceso de aprendizaje de Daniel y de sus tres amigos.

¿Cómo te motiva esta experiencia en tu educación?

¿Cómo te motiva su audacia?

Lee Lucas 2:41-52. ¿Qué te enseña estos años más jóvenes de Jesús acerca de tu propio proceso de desarrollo?

¿Cómo te estimulan el ejemplo y las experiencias educacionales de Jesús y cómo te motiva en tu preparación para la aventura más adelante?

9

# El descubrimiento de las elecciones correctas acerca de tus amigos

*En todo tiempo ama el amigo,*
*Y es como un hermano en tiempo de angustia.*
Proverbios 17:17

Al estar sentado y escribiendo este capítulo, puedo ver el Monte Rainier en la distancia. Aunque vivimos a 80 kilómetros de este pico en el estado de Washington y aunque es agosto, la corona cubierta de nieve de este extinto volcán es aún enormemente impresionante. Debido a que el Monte Rainier es tan accesible, los alpinistas generalmente viajan de distintas partes del mundo para escalarlo.

Pero desafortunadamente, habitualmente, hay reportes de radio y de televisión de muertes, heridas, caídas o de alpinistas atascados. En la mayoría de los casos hay un final feliz. Eso es frecuente porque hubo un alpinista experimentado, un amigo, listo para ayudar cuando su compañero se metió en problemas. El hecho de que el alpinista herido fue salvado fue, en parte, debido a que tenía un acompañante experto en escalar.

"Así que, ¿qué tiene que ver escalar una montaña con desarrollar las amistades correctas?" Podrías preguntarte. Bueno tal y como es crucial tener un alpinista experimentado contigo, al escalar la pendiente de una montaña, es crucial tener los amigos correctos al escalar las pendientes de la vida. Pudieras pensar que no hay ni siquiera la más remota similitud entre el Monte Rainier y tu vida, pero espero que antes de que termine con este capítulo hayas cambiado de parecer.

## Sé un amigo

Puede que seas uno de esos tipos que nunca han conocido a un extraño. Puedes hablarles a otros y hacer amigos fácilmente.

Pero la mayoría de los amigos no son tan afortunados. Para ellos y quizás para ti no es fácil encontrar un amigo. Si tienes un amigo o muchos amigos o pocos, sin embargo, estoy seguro de que la amistad es una calle de doble sentido. Se ha dicho: "Si quieres un buen amigo, sé un buen amigo". Así que para nosotros, necesitamos comenzar hablando de lo que hace que seamos un buen amigo.

En la Biblia, Dios nos da pautas sobre cómo ser un buen amigo. Al leer a través de estas perlas de sabiduría, decide en tu mente y corazón qué tipo de amigo debes ser. Además escoge lo que un amigo, un amigo real hace y lo que no.

El que cubre la falta busca amistad;
Mas el que la divulga, aparta al amigo (Pr. 17:9).

En todo tiempo ama el amigo,
Y es como un hermano en tiempo de angustia (Pr. 17:17).

El hombre que tiene amigos ha de mostrarse amigo;
Y amigo hay más unido que un hermano (Pr. 18:24).

Fieles son las heridas del que ama;
Pero importunos los besos del que aborrece (Pr. 27:6).

No dejes a tu amigo, ni al amigo de tu padre;
Ni vayas a la casa de tu hermano en el día de tu aflicción.
Mejor es el vecino cerca que el hermano lejos (Pr. 27:10).

Hierro con hierro se aguza;
Y así el hombre aguza el rostro de su amigo (Pr. 27:17).

## Sí, ¿pero cómo?

¿Cómo encuentras amigos y amistades que duren? Como dije anteriormente, el desarrollar las amistades correctas comienza contigo. ¡Necesitas ser la clase correcta de amigo! Así que, he aquí algunas pautas claves para convertirte en un "súper amigo". Si practicas estas sugerencias, encontrarás a gente que querrá ser tu amigo.

1. Crece espiritualmente: Al analizar las características de un buen amigo en los versículos de arriba, probablemente te habrás dado cuenta de que necesitas ayuda. ¡La ayuda de Dios! ¿Cómo puedes encontrar la clase correcta de amigos piadosos? Primero, desea ser un amigo piadoso. (¿Te suena familiar? Eso es lo que cubrimos en la primera parte de este libro.) Si deseas crecer espiritualmente y conocer a Dios más íntimamente, buscarás amigos que también amen a Dios.

Esta fue la clase de amistad mutua que compartieron Jonatán, el hijo de un rey, y David, el futuro rey (1 S. 18:20). Estate seguro de leer más acerca de su amistad en más detalles más adelante. Por ahora, sin embargo, he aquí una gran descripción de su amistad:

> Jonatán vio que David miraba la vida desde la misma perspectiva divina... Y cuando vio esto, su alma se aferró reflexivamente a la de David. Aquí había un hombre cuyo corazón latía con el suyo.[9]

Esa es la forma de los amigos reales. No, no siempre estarás de acuerdo con todos los asuntos. Pero darás a conocer la opinión sobre lo que la Biblia dice acerca de esos asuntos. El autor que acabo de citar lo resumió de esta manera:

Están conforme con la misma autoridad.
Conocen al mismo Dios.
Van por el mismo camino.
Anhelan las mismas cosas.
Sueñan sueños mutuos.[10]

¿Quieres amigos piadosos? Entonces, como dije, crece espiritualmente. Además, usa las cinco características de arriba como una lista de control mientras estás en el proceso de encontrar amigos. Entonces encontrarás lo que estás buscando.

2. Sé tú mismo: No trates de ser alguien que no eres. Y no trates de imitar a las personalidades y acciones de los muchachos "populares" de la escuela, especialmente si no está de acuerdo con lo que estás leyendo en la Biblia.

He aquí algo más para que pienses. ¿Cómo termina tu actuación cuando estás aparentando ser otro? Es bastante artificial, ¿verdad? Te sientes incómodo con los que estás tratando de imitar y haces que otros se sientan de la misma manera. Mientras más te esfuerces, más artificial te convertirás. Así que, sé genuino. Estar cómodo con quien tú eres ayuda a otros a sentirse cómodos cuando están a tu alrededor. Solo sé tú mismo y Dios te dará amigos que piensen igual para que sean tus amigos.

Eso fue lo que le pasó a David. Había acabado de derrotar al enemigo más grande de la nación y lo llevaron al rey Saúl. Jonatán, el hijo de Saúl, había estado ahí y presenciado el valor de David. Y ser un hombre de valor él mismo (1 S. 14:1-13), Jonatán lo admiró y quiso ser amigo de David (1 S. 18:1).

Recuerda esto: Si honras a Dios con tu vida, otros que están comprometidos con principios piadosos te buscarán.

3. Sé leal: La lealtad es un deber si eres un buen amigo. Estoy seguro de que un amigo "de los buenos tiempos" te ha herido en algún momento. Sabes cómo se siente, así que no hagas algo parecido y le seas desleal a otro. Al ver la amistad entre Jonatán

y David, ves esta clase de lealtad mutua. Jonatán se le enfrentó a su padre, el rey Saúl, en defensa de su amigo David. Y David le mantuvo su promesa a Jonatán de cuidar de su familia en el futuro cuando se convirtiera en rey (1 S. 20:14-17).

¿Cuán leal le eres a tus amigos? ¿Eres "amigo hay más unido que un hermano" (Pr. 18:24)? Además de estar unido a tus amigos, ¿mantienes los secretos? O ¿chismeas y escuchas los chismes acerca de un amigo?

4. Sé comprensivo: Debes entender que la vida de tu amigo no gira a tu alrededor. Eso no lo hace menos verdadero. Eso solo significa que hay veces que tu amigo pasa tiempo con otros, como su familia o un grupo de la iglesia o aun otros amigos, como la gente en un equipo de deporte o aquellos involucrados en una actividad mutua. Porque entiendes, puedes apoyar a tus amigos y a sus otros compromisos y responsabilidades. Puedes alentarlos en sus relaciones y responsabilidades. Puedes orar por tus amigos y aun ofrecerte a ayudar cuando puedas.

5. Sé honesto: Uno de los beneficios de la verdadera amistad es la honestidad. La Biblia lo dice de esta manera: "Más confiable es el amigo que hiere que el enemigo que besa... la dulzura de la amistad fortalece el ánimo" (Pr. 27:6, 9, NVI). Tú y un amigo verdadero pueden estar comprometidos a levantarse mutuamente hacia las metas de Dios y a las normas para jóvenes que desean honrar a Dios. Necesitas ser un amigo confiable que lo diga como es.

Y no te disgustes cuando tu amigo tome el mismo rol para ayudarte a crecer en un área en la que necesites ayuda. ¡La honestidad funciona en ambas direcciones, sabes!

6. Ten cuidado con el sexo opuesto: He querido llegar a este tema desde que comenzamos este capítulo pero primero era extremadamente importante que pusiéramos las bases para la amistad en general, amistades bíblicas, las amistades correctas,

amigos piadosos. Con este fundamento en su lugar, estamos listos para algunos pensamientos (dedicaremos más tiempo a este tema en el siguiente capítulo). Todo principio que hemos cubierto hasta ahora se puede aplicar a las amistades con las muchachas. Necesitas ser amistoso con todo el mundo, pero además, ser cauteloso cuando se trata de muchachas. Las tres cosas que realmente necesitarás vigilar en tu conducta y hablar con el sexo opuesto son...

ser demasiado amistoso,
ser demasiado físico y
estar solos.

Hablaremos más de este tema tan importante pronto.

7. Sé uno que alienta: Cualquiera puede decirle a tus amigos diez cosas que están erradas con ellos o con sus acciones. Pero una persona que alienta le dice a la gente lo que está correcto en ellos. Vayamos atrás un minuto a la amistad entre David y Jonatán. Su amistad se basaba en su amor mutuo por Dios. Así que ¿cómo se alentaban mutuamente? La Biblia dice que cuando era evidente que David era el blanco para ser asesinado (por el padre de Jonatán, el rey Saúl), "Jonatán fue a ver a David... y lo animó a seguir confiando en Dios" (1 S. 23:16, NVI).

La mejor forma de alentar a tus amigos es ayudarlos a encontrar fuerza en el Señor, a través de las Escrituras y de la oración juntos. Pero además puedes dar halagos. Y estate seguro de ser específico con tu halago. Alaba a tus amigos por algo especial que aprecies en ellos, algo que ves en su conducta o admiras en su carácter.

Como una persona que alienta, quisieras fortalecer e ir más allá en la amistad de tus amigos con Dios. Al crecer espiritualmente, también te retarán a crecer. Es Proverbio 27:17 en acción: "Hierro con hierro se aguza; y así el hombre aguza el rostro de su amigo". De eso se trata el ánimo, retarse a crecer. Y te beneficias cuando tus amigos crecen. ¿Por qué? Porque tus amigos son tu futuro. ¡Te conviertes en lo que tus amigos íntimos son!

8. Involúcrate: Tú yo tenemos que hacer decisiones deliberadas acerca del mantenimiento y crecimiento de las amistades. Lleva tiempo, cuidado y esfuerzo para estar seguro de que nuestras buenas amistades se sostienen, se mantienen y continúan creciendo. No puedes descuidar una amistad y esperar que esté viva y saludable. No, tienes que trabajar para ser un buen amigo, una llamada telefónica, un correo electrónico, una invitación para ir contigo y con tu familia a un juego de pelota.

El apóstol Pablo le dijo a sus amigos en Filipo: "os tengo en el corazón" (Fil. 1:7).

9. Sé uno que ora: Una de las más grandes bendiciones que le ofreces a tus amigos es el regalo de la oración. Todos luchan con pruebas todos los días. Tus amigos enfrentan asuntos que puede que nunca lo compartan contigo. Nunca sabrás las batallas que se están librando en la vida y en la casa de tu amigo. Así que, ora.

¿Y qué oras? Ora por su crecimiento espiritual, sus relaciones, sus deberes escolares y por su participación en la iglesia y otras actividades. Aparte de sus padres o del ministro de jóvenes, ¡pudieras ser el único que esté orando por tu amigo!

Así que sé fiel, sé frecuente y sé ferviente en tus oraciones. Nunca sabes cuándo pudieras ser el verdadero amigo cuyas oraciones ayudó a tu amigo a resistir la tentación, hacer las decisiones correctas, soportar algo difícil o aun superarse en la grandeza.

## El cambio de tu vida a una aventura extrema

¿Te acuerdas cómo comenzó este capítulo? Hablamos de seleccionar un compañero o un equipo para una aventura de escalar una montaña. Un alpinista sabio seleccionará compañeros que son tan buenos o mejores que él. ¿Y sabes por qué, verdad? De esa manera, si está en problemas, tiene a alguien que lo pueda ayudar a salvarse.

De la misma manera sucede con las amistades. Debes desear y buscar amigos que van en tu misma dirección espiritual, amigos que te "lleven adelante" en tu meta de ser como Cristo, que te "levanten" a niveles aún más altos de la cristiandad. ¿Y dónde vas a encontrar esta clase de amigos? Generalmente los encuentras en la iglesia o en otros grupos cristianos.

Los amigos creyentes estarán ahí cuando necesites ayuda o aliento espiritual. Ellos serán una gran fuente de responsabilidad para con las normas de Dios. Tus amistades sólidas con otros cristianos reflejarán la que disfrutaron Jonatán y David. En resumen, tus mejores amigos deben ser fuertes, con mentes de cristianos que te ayuden a pensar tus mejores pensamientos, hacer tus mejores acciones y a que seas mejor.

Así que mientras emprendes el negocio de encontrar y desarrollar amistades, estate seguro de que te estás desarrollando en las cualidades que estás buscando. Establece los principios más altos para ti y no te conformes con menos que los principios más altos de Dios en cualquiera que catalogues como "tu mejor amigo".

Nunca olvides que tú y otros amigos están escalando una montaña extremadamente difícil. Seguro, es una aventura extrema pero es una aventura considerablemente exigente. Tus amigos irán a lugares donde, como alpinistas, tropezarán y caerán en una rendija o grieta profunda. Sé el mejor amigo que un amigo alpinista pudiera elegir. Sé alguien en quien se pueda confiar. Y estate seguro de que tú también escojas tus amigos alpinistas con gran cuidado. Nunca sabes lo que pudiera suceder durante la subida hacia la meta, hacia la piedad, hacia la cumbre. Querrás a otros, además de ti, que sean lo suficientemente fuertes para que te ayuden a guardarte de la caída.

## Decisiones para hoy

Revisa la lista de las diez pautas para ser un buen amigo. ¿En cuáles áreas estás especialmente fuerte como amigo y qué hace que lo digas?

Revisa la lista de nuevo. ¿Descubriste un área (o dos) en la que necesites mejorar? ¿Cuál es y qué planeas hacer con ella?

¿Ya estás convencido de la importancia de elegir a tus amigos sabiamente? ¿Por qué o por qué no?

## Lo máximo

*Procura con diligencia presentarte a Dios aprobado, como [quien] usa bien la palabra de verdad.*
2 Timoteo 2:15

Lee acerca de Jonatán y David en 1 Samuel 14:6-14. Describe el tipo de guerrero que Jonatán era.

Lee 1 Samuel 17:32-37 y 48-51. Describe el tipo de valor que David poseía.

Ahora lee 1 Samuel 18:1-4; 19:1-6 y 20:1-42. ¿Cómo se desarrolló la amistad de David y Jonatán y en qué se basaba?

¿Qué lecciones de amistad puedes aprender de Jonatán y de David?

10

# Pelea la batalla en contra de la tentación

*Vestíos de toda la armadura de Dios, para que podáis estar firmes contra las asechanzas del diablo.*
Efesios 6:11

La guerra es el infierno.

Eso fue lo que frecuentemente le oí decir a mi papá, que vivió por esta consigna como soldado y que luchó en Alemania durante la segunda Guerra Mundial. Pero una generación posterior, al sentarme en un aula en Fort Bragg, Carolina del Norte, estaba oyéndolo otra vez… y comenzando a sentir las palabras con todas sus fuerzas: "La guerra es el infierno".

¿Cómo vine a sentarme en un aula militar de instrucciones en Fort Bragg? A mi unidad de reserva del ejército se le llamó para un deber activo durante la crisis de Bosnia en los 1990. Estábamos en el camino a Alemania para asumir los deberes de un hospital de un ejército regular que se había desplegado en el campo de batalla en Bosnia.

Así que ahí estaba yo sentado, recibiendo las instrucciones de un combate. Escuchaba a los instructores dando una clase sobre minas terrestres, francotiradores, ataques con morteros, guerra química y otros temores extremos. Estaba claro de que el ejército quería que nuestro grupo se preparara en cualquiera y en toda clase de peligro que pudiéramos enfrentar en la batalla.

## La vida es un combate.

¡Vivir la vida cristiana es una batalla también! (¡Y si no lo piensas así, entonces pudieras no estar viviendo la vida cristiana muy exitosamente!) Como ya hemos visto, Jesús mismo nos dijo: "En el mundo tendréis aflicción" (Jn. 16:33). Esas aflicciones para nosotros los hombres vendrán en una variedad de paquetes. Y, como mis instructores del ejército, Dios quiere que estemos preparados para la batalla inevitable... lo que nos lleva al capítulo cinco de este libro. Como pudieras recordar, estos primeros capítulos cubrieron la importancia de prepararte apropiadamente para manejar las prioridades de tu vida. Una de esas prioridades es estar listo para enfrentar y defenderte contra las tentaciones que el enemigo te lanzará.

## La parte de Dios en la tentación

La mayoría de nosotros no necesitamos hacer una lista de las tentaciones con las que batallamos todos los días, ¿verdad? Pero al madurar y estar expuesto a más del mundo y a sus encantos, tu lista de tentaciones probablemente crecerá grandemente.

En la Biblia, Dios nos da su parte sobre lo que podemos desear mientras batallamos con la tentación y el pecado. Gálatas 5:19 comienza informándonos que: "Y manifiestas son las obras de la carne" y entonces la lista es:

> "adulterio, fornicación, inmundicia, lascivia, idolatría, hechicerías, enemistades, pleitos, celos, iras, contiendas, disensiones, herejías, envidias, homicidios, borracheras, orgías, y cosas semejantes a estas" (Gá. 5:19-21).[11]

Bastante horrible, ¿verdad? Así que, ¿cómo un joven conforme al corazón de Dios puede echarle mano a estas tentaciones y luchar la batalla en contra de ellas? El hecho de estar preocupado es el primer paso en luchar la batalla. El segundo paso es darte cuenta de que tienes decisiones que tomar.

## Dos hombres, dos elecciones, dos caminos

Hay miríadas de pensamientos escritos sobre la importancia de la elección. ¿Has oído esta?

> Las pequeñas cosas determinan el hábito;
> el hábito talla y moldea el carácter que hace las grandes decisiones.

¿O qué de esta? La elección, no la casualidad, determina el destino humano.

> A estas verdades vividas, conoce a dos hombres…
> que hicieron dos elecciones…
> que los llevaron a dos caminos y a dos destinos.

El primer hombre fue Caín. El primogénito de Adán y Eva. Caín y su hermano, Abel, trajeron ofrendas a Dios y recibieron dos respuestas diferentes de Dios. Abel y su ofrenda fueron agradables a Dios pero Caín y su ofrenda no lo fueron (Gn. 4:1-8).

¿Qué sucedió cuando Dios juzgó en contra de la ofrenda de Caín? Caín tuvo dos elecciones para sus respuestas: Pudo venir ante Dios y humildemente pedir perdón por él y por la naturaleza de su ofrenda, o pudo ponerse enojado con Dios debido al rechazo.

Desafortunadamente, Caín eligió la respuesta menos noble. Se enojó con Dios. Dios, entonces le advirtió a Caín acerca de su errada actitud y de sus potenciales consecuencias al decir: "el pecado está a la puerta; con todo esto, a ti será su deseo, y tú te enseñorearás de él" (v. 7).

Dos hombres, dos elecciones, dos caminos. ¿Qué elección errónea hizo el primer hombre? Caín permitió que el pecado lo dominara y falló la prueba de manejar la tentación a la forma de Dios. Su celo hacia su hermano Abel y a la aceptación de de la ofrenda de Abel hizo que se hundiera más profundamente en el pecado y finalmente a asesinar a su hermano. Al final la inhabilidad de Caín de manejar la tentación lo descalificó de la bendición de Dios y de cualquier influencia para el bien de su vida. Su elección lo llevó a un camino de destrucción.

El segundo hombre fue Jesús, que vivió miles de años después de los días de Caín y de Abel. Este hombre, también, enfrentó la tentación. Después de cuarenta días de ayunar, estaba en un estado de debilidad física y Satanás lo tentó en tres áreas diferentes de su vida. Jesús refutó las tres tentaciones con la Palabra de Dios (Lc. 4:1-12). Jesús eligió resistir las tentaciones. Pasó las pruebas perfectamente y recorrió el camino de la influencia. Al elegir el camino que lo llevó a la cruz, afectó al mundo entero. Su camino te llevó a la salvación y a la mía. El cuento de estos dos hombres se parece a esto:

| **Dos hombres:** | **Caín** | **Jesús** |
|---|---|---|
| Dos caminos: | Asesinó a su hermano. | Salvó a muchos |
| Dos resultados: | Se autodestruyó. | Influyó en muchos. |

## Tu elección, tu camino

Las elecciones de estos dos hombres nos dan a ti y a mí algunas lecciones sobrias sobre la importancia de tratar con la tentación y el pecado (¿notaste que puse tentación antes del pecado? La tentación no es pecado. Caín fue tentado, el pecado estaba "asechando a la puerta". Pudo haber elegido resistir la tentación y por lo tanto no pecar pero no lo hizo. Jesús fue tentado pero resistió muchas tentaciones).

La pregunta apremiante es, ¿qué de ti? ¿Cómo estás tratando con tus pensamientos y tus tentaciones? ¿A dónde te están llevando las elecciones? ¿En qué dirección vas? Estoy seguro de que te puedes identificar conmigo, y todos los demás hombres, en estas batallas. Y estoy seguro, de que como yo, no siempre estás complacido con la manera en que manejas (o fallas al manejar) la tentación.

Anímate, mi amigo combatiente. Dios ha provisto un camino para que podamos resistir la batalla de la tentación y elegir movernos al camino de la victoria. La Biblia dice: "No os ha sobrevenido ninguna tentación que no sea humana; pero fiel es Dios, que no os dejará ser tentados más de lo que podéis resistir, sino que dará también juntamente con la tentación la salida, para que podáis soportar" (1 Co. 10:13).

## La provisión de Dios para tus tentaciones

El hecho de la tentación es real, ¡muy real! Y las buenas nuevas son que Dios ha hecho provisión para tus tentaciones.

Primero, Dios ha provisto una nueva ley: Una ley es una forma en que las cosas funcionan. Por ejemplo, la ley de la gravedad dice que cualquier cosa que sea más pesada que el aire caerá a la tierra. Eso significa que si saltas de un edificio de diez pisos caerás y te matarás. Pero ¿qué si hay una ley que contrarresta la ley de la gravedad, tal como la ley de la aerodinámica? Esta ley permite que un Jumbo 747, lleno de cientos de personas, que pesa miles de toneladas, vuele.

De la misma manera, cuando tú y yo venimos a Cristo, Dios contrarresta la ley del pecado y de la muerte, una ley que no nos da otra elección que morir separados de Dios por la eternidad. Pero cuando venimos al conocimiento de la fe salvadora de Jesucristo, venimos a la influencia de una nueva ley, la ley del Espíritu de vida en Cristo (Ro. 8:2). Esta nueva ley nos libra de la esclavitud del pecado.

Segundo, Dios ha provisto una guía: Una guía es algo que te lleva a través de un territorio para que no te pierdas. Jesús prometió que Él le daría a los creyentes una "guía" que viviría en ellos y estaría siempre con ellos. Esa guía es el Espíritu Santo, que vive en todos los creyentes y los guía a toda verdad (Jn. 16:13). Cuando tú y yo venimos a Cristo, esta promesa de Jesús se convierte en realidad para nosotros. Como resultado ahora tienes tu propia guía, el Espíritu Santo, que te guía a través de todas las situaciones que enfrentarás.

Tercero, Dios ha provisto un libro guía: Dios además te ha dado tu propia guía personal, la Biblia. Todo lo que necesitas saber acerca de la vida y del vivir piadoso se te presenta en la Palabra de Dios (2 P. 1:3). ¡Esta guía te da las respuestas para que trates con todas las tentaciones a las que te enfrentarás en tu vida!

Cuarto, Dios ha provisto guías: Dios ha proviso otros creyentes para que te ayuden a vencer las tentaciones de este mundo. Es por eso que es tan importante estar involucrado en una iglesia local y en un grupo de jóvenes. Ahí podrás encontrar a otros a los que les puedes rendir cuentas y guiarte con un consejo sabio. Estoy personalmente agradecido a Dios por los muchos hombres que me han servido como fieles y comprensivos mentores. Estos "soldados de la cruz" se comprometieron a vigilar mi crecimiento espiritual en el campo de batalla de la vida.

Ahora, podrás estar diciendo: "Pero Jim, tú no conoces mi situación. No sabes las presiones bajo las que estoy en la casa y las presiones de mis compañeros. No puedo sino sucumbir a la tentación. No importa cuán duro trato, ¡no parece que pueda vencer estos pecados particulares"!

Bueno, tienes razón. No sé con cuáles asuntos específicos estás batallando. Pero sí sé que no estás solo. La tentación es universal. La Biblia dice que es común al hombre (1 Co. 10:13). Eso significa que puedo decir que tú y yo y todos los hombres luchamos con las mismas tentaciones y pecados. Esa es la mala noticia.

Pero la buena noticia es que Dios ha provisto un camino, un escape y una victoria con estos tres recursos:

Una nueva ley: Vida en Cristo
Una guía: El Espíritu Santo

Un libro guía: La Biblia, y
Guías: Consejeros sabios.

Tienes la habilidad de soportar las tentaciones que confrontas en tu diario vivir. Las declaraciones de que no puedo resistir más no son para ti ya. Ahora, en Jesús, es ¡puedo! Pablo nos dice: "fortaleceos en el Señor" (Ef. 6:10).

Así que la próxima vez que te enfrentes con una oportunidad de pecar (¡como en el próximo milisegundo!), recuerda. "Todo lo puedo en Cristo que me fortalece" (Fil. 4:13). Dios te ha dado el *lo puedo* para tratar con esa tentación. Pero tienes que suplir el *yo lo haré*. Es tu elección. ¡Tu camino y tu carácter están en juego! Ninguna elección es una elección pequeña. Y ninguna elección es una elección sin sentido.

## Si, ¿pero cómo?

¿Hay alguna salida? Como hemos acabado de ver, ¡la hay! Dios ha provisto recursos para asistirte en el trato con la tentación y el pecado. Pero te está pidiendo que hagas tu parte. Te está pidiendo que: "fortaleceos en el Señor, y en el poder de su fuerza. Vestíos de toda la armadura de Dios, para que podáis estar firmes contra las asechanzas del diablo" (Ef. 6:10-11). Así que haz tu parte, aquí hay algunas elecciones prácticas que puedes hacer para luchar la batalla de la tentación.

- Persigue la piedad: De esto es de lo que Dios está hablando cuando te dice que te pongas "toda la armadura de Dios". La armadura de Dios es para protegerte en la batalla cuando buscas una vida piadosa. "sigue la justicia, la fe, el amor y la paz" (2 Ti. 2:22). ¿Cómo te pones la armadura de Dios? Leyendo la Biblia, orando, adorando con el pueblo de Dios y siendo responsable a tus líderes de jóvenes y a los amigos cristianos fuertes. Estos son los recursos para la batalla, ¡para la guerra!

Evita los lugares donde puedas ser tentado, aléjate de los programas de la televisión, las películas o la música que vayan en contra de las normas de Dios o avive tus emociones sexuales. Aléjate de los estantes de revistas con cubiertas de sexo en exhibición. Aléjate de estar solo con alguien del sexo opuesto. El consejo de Pablo a su joven discípulo es muy apropiado para ti y para mí también: "Huye también de las pasiones juveniles" (2 Ti. 2:22).

- Evita las personas que te puedan tentar: En el último capítulo discutimos acerca de seleccionar a la clase correcta de amigos, esos que te hacen avanzar. Pero no mencioné que hay una tercera clase de "amigos". ¡Esta clase de amigos es la que necesitas evitar como a la plaga! Debes evitar tener esta clase de amigos porque te "halan para abajo". Ten cuidado de estos amigos del pasado y amigos del presente que tienen una norma más baja que la que quieres para tu vida.

  La vida cristiana es lo suficientemente difícil de vivir sin esta clase de persona en tu vida. Así que hazte un favor y deja estas clases de amigos, especialmente si no eres lo suficientemente fuerte para resistir sus bajas normas. Dios lo dijo mejor... y al punto: "No erréis; las malas conversaciones corrompen las buenas costumbres" (1 Co. 15:33).

  Evita que tus ojos deambulen: La mayoría de las tentaciones que encontrarás vienen a través de tus ojos y son sexuales: Vallas, revistas, películas, televisión y lo que ves en la piscina o en la playa. ¡O en cualquier lugar en un día caluroso de verano! Jesús enseñó que puedes realmente cometer pecado sexual en tu corazón solamente al mirar a una muchacha o a una mujer con pensamientos lujuriosos (Mt. 5:28). Así que, ¡determina hacer lo que hizo Job! "Hice pacto con mis ojos; ¿cómo, pues, había yo de mirar a una virgen?" (Job 31:1).

- Persigue un acercamiento piadoso con las citas: Te dije que finalmente regresaría al tema de las muchachas, ¿verdad? Bueno, la cita no es ciertamente un tema popular entre círculos cristianos. ¿Tienes una cita o no? ¿Debes o no debes tener una cita? Si la tienes, ¿a qué edad? y ¿la llamas cita o cortejo? Y si tienes una cita, ¿vas como pareja o como en un grupo? La discusión pudiera ser interminable… ¡y seguramente será!

  Así que comencemos preguntando a tus padres lo que piensan que debes hacer. Entonces, preguntemos a los líderes de jóvenes acerca de las citas. ¿Qué dicen? Y ahora, déjame darte un poquito de consejo para que lo añadas a tu proceso de tomar decisiones. ¿Por qué no establecer una norma elevada? ¿Por qué no…?

- Elije no tener citas durante la escuela secundaria. He hecho mis propias observaciones de la misma manera que he preguntado a una variedad de personas (maestros, pastores de jóvenes, consejeros) acerca de este tema vital. Todos están de acuerdo que pocos, si hay algunos, que tienen citas en la escuela secundaria realmente terminan casándose. Así que, ¿Cuál es el asunto en tener citas? Probablemente ya has notado que la mayoría de tus tentaciones como joven (y continuarán siendo) son tentaciones sexuales. Y tener citas sin un propósito piadoso no tiene razón de ser. Todo lo que hace es llevarte a un viaje en una montaña rusa que puede terminar en un problema sexual.

- Elije a cambio, centrar tu atención en actividades de grupo, preferiblemente actividades de la iglesia. Usa este tiempo para observar cómo actúan las damas piadosas. ¿Cuál es la atención de ellas? ¿Dónde está su corazón? (Recuerda, justo como tú estás buscando amigos, es vital seleccionar muchachas piadosas para tus amigos.)

- Elije involucrar a tus padres. Pregúntale a tus padres qué cualidades debes buscar en la muchacha con la que finalmente vas a tener una cita o "a cortejar" con el propósito de matrimonio.
- Elije mantenerte moralmente y sexualmente puro, ¡no importa lo que suceda! Debes hacer el compromiso ahora, antes de que comiences a tener citas. Y debes hacerlo una y otra vez (cada vez que decidas finalmente hacer el proceso de citas). Recuerda, esta es una elección espiritual. ¿Vas a seguir el camino del mundo o de Jesús?

## El cambio de tu vida a una aventura extrema

Mi amado joven hermano, pongámonos de acuerdo para luchar la batalla en contra de la tentación, especialmente la tentación sexual ¡con tus ojos abiertos! Estás sentado en el salón de instrucciones y esta es una conferencia sobre la guerra. La guerra en contra de la tentación y el pecado. Esos son los hechos fríos: La tentación es continua. Mientras que vivas y respires, tratarás con toda la tentación que el enemigo y el mundo te puedan tirar. La batalla rugirá en toda área de tu vida mientras que vivas.

La pregunta es: ¿Le permitirás a Dios que luche la batalla por ti con los recursos que Él te ha dado? ¿O tratarás librar la batalla tú solo? Si tratas de hacerlo solo, fallarás. Repetiré, ¡fallarás! Así que, elije buscar a Dios por ayuda. Tienes su Palabra. Tienes su Espíritu. Tienes el arma de la oración. Tienes los consejeros sabios y la gente que te cuida. A través de Dios y de su arsenal de recursos, la victoria es tuya.

> Mas gracias sean dadas a Dios, que nos da la victoria
> por medio de nuestro Señor Jesucristo.
> 1 Corintios 15:57

## Decisiones fuertes para hoy

Solo hoy, monitorea tus pensamientos y tus conversaciones. Trata de localizar cualquier cambio que necesites hacer. ¿Qué versículos de este capítulo fueron los más útiles para ti?

¿Hay áreas en tu vida en las que estás fallando para resistir la tentación? ¿Hay algún hombre más maduro al que puedas rendirle cuentas? ¿Qué pasos puedes tomar para pedirle ayuda?

## Lo máximo

*Procura con diligencia presentarte a Dios aprobado,*
*como [quien] usa bien la palabra de verdad.*
2 Timoteo 2:15

En tu Biblia busca las siguientes Escrituras. Escribe lo que cada una te enseña acerca de tu pureza física y por qué es importante para Dios… y para ti (cuidado: algunas tienen respuestas múltiples).

1 Corintios 6:19

1 Corintios 6:20; 1 Pedro 1:19

1 Tesalonicenses 4:3-5

Si tu pureza es tan importante para Dios, ¿qué vas a hacer para protegerla?

Lee Génesis capítulo 30 acerca de José y de la esposa de Potifar. Entonces, lee 2 Samuel capítulo 11 acerca de David y de Betsabé.

¿Qué piensas tú que influyó en la manera en que estos dos hombres respondieron a la tentación sexual?

# 11

# El alcance de otros

*estad siempre preparados para presentar defensa con mansedumbre y reverencia ante todo el que os demande razón de la esperanza que hay en vosotros.*
1 Pedro 3:15

Como cristiano, ¿sientes que alguna vez te superan en número? ¿Que estás rodeado de gigantes? ¿Que eres insignificante? ¿Que tienes muy poco apoyo cristiano, si tienes alguno, en tu escuela porque tus profesores y tus compañeros tienen creencias opuestas? ¿Que te sobrepasan en hombres y la batalla parece que es imposible de ganar?

Bueno, si alguna vez has tenido pensamientos como estos, no estás solo. Diez otros guerreros de operaciones especiales hace 3.000 años tuvieron las mismas preocupaciones. Puedes leer de sus propias dudas en Números 13, pero por ahora, déjame darte una pequeña versión.

## "El complejo del saltamontes"

Dios había sacado a su pueblo de Egipto con señales, maravillas y milagros. Las diez plagas, la separación del Mar Rojo y la provisión de alimento y de agua en el desierto. El pueblo de Israel había sido testigo del gran poder de Dios. Y ahora estaba listo para entrar a la Tierra Prometida. Pero como una última y final preparación, Moisés envió a doce hombres, los mejores de los mejores, a espiar la tierra. "La operación Tierra Prometida" llevó cuarenta días. Y al final de ese tiempo, los hombres regresaron para dar sus reportes.

Diez de estos hombres poderosos reportaron que la tierra era un lugar hermoso, lleno de muchas cosas buenas… pero había solo un problema: ¡La tierra estaba también llena de gigantes que vivían en ciudades amuralladas! La gente era tan g-r-a-n-d-e que los espías se sentían como saltamontes comparados con ellos. Los diez guerreros concluyeron que iba a ser un terrible error tratar de conquistar la tierra. ¡Los gigantes eran simplemente demasiado grandes y demasiado fuertes!

Ahora, ¿no te había dicho que no estás solo en tus sentimientos acerca de las probabilidades abrumadoras que enfrentas en la escuela y en tu vecindario? Estos diez hombres eran, como dije, los mejores de los mejores… y ellos también tuvieron miedo de lo que vieron.

¿Pero ese fue el fin de la historia? ¡No! Recuerda, dije que Moisés envió doce hombres. Veamos lo que los otros dos, Josué y Caleb, tuvieron que decir cuando reportaron:

> Si Jehová se agradare de nosotros, él nos llevará a esta tierra, y nos la entregará; tierra que fluye leche y miel. Por tanto, no seáis rebeldes contra Jehová, ni temáis al pueblo de esta tierra; porque nosotros los comeremos como pan; su amparo se ha apartado de ellos, y con nosotros está Jehová; no los temáis (Nm. 14:8-9).

¡"No tengan miedo de ellos" fue el grito de Josué y de Caleb! ¿Por qué? Porque como afirmaron: "El Señor está con nosotros". Se irguieron bajo las presiones de su propio pueblo y de los gigantes en la tierra.

Dios te está pidiendo que seas un testigo de Él en nuestro mundo. No veamos a nuestro mundo como imposible de conquistar. No tengamos "el complejo del saltamontes". En su lugar, estemos de pie con estos dos bravos hombres, Josué y Caleb y permitamos que Dios luche nuestras batallas y que gane nuestras victorias.

## Sí, ¿pero cómo? (Desarrollando un plan para la batalla)

Los varones casi siempre me dicen que no saben cómo dar a conocer su fe, o no creen que conocen suficiente Biblia o teología para ser capaces de contarle a alguien de su fe en Cristo. Por estas razones, se asustan de las oportunidades que se les presentan para alcanzar a otros para Cristo. ¿Te sientes así también? No estás solo.

Es cierto que las habilidades y el conocimiento son importantes y que debes aprender más de la verdad de Dios y estar equipado para dar a conocer tu fe cristiana. Pero no es necesario que seas un teólogo antes para hablar del aspecto más significativo de tu vida con otros que están deseosos de escuchar.

## Da a conocer tu testimonio

### *El ejemplo*

No sé qué tiempo hace que eres creyente en Cristo pero probablemente has oído a tu pastor hablar de "dar a conocer tu testimonio". Básicamente, tu testimonio es la historia de cómo te convertiste en cristiano. Para mostrarte cuán simple es contar tu testimonio, quiero llevarte a la historia del hombre poseído por un demonio en Marcos 5:1-20.

La versión corta de la historia es que había un hombre atormentado por una hueste completa de demonios. Jesús, en su misericordia, sacó a los demonios del hombre y los envió a un hato de cerdos, que corrieron loma abajo a un lago y se ahogaron.

Te puedes imaginar cuán emocionado estaba este hombre torturado de ser libre de los demonios. Así que, inmediatamente le preguntó a Jesús si podía seguirle. Podrías pensar que Jesús iba a decir: "Seguro, ven y sígueme y aprende alguna teología. Siéntate a mis pies y déjame darte clases por algunos años hasta que estés listo para dar a conocer tu testimonio a otros".

No, simplemente, Jesús le dijo al hombre: "Vete a tu casa, a los tuyos, y cuéntales cuán grandes cosas el Señor ha hecho contigo, y cómo ha tenido misericordia de ti" (Mr. 5:19). ¡Básicamente, Jesús le dijo al hombre que fuera a su casa y diera a conocer su testimonio!

Ves, aun como nuevo creyente, este hombre tenía todo lo que necesitaba para testificar de su experiencia con Jesús.

¿Y qué sucedió? ¿Cuáles fueron los resultados de la obediencia de este hombre a Jesús? La Biblia nos dice que: "Y se fue, y comenzó a publicar en Decápolis [su región natal] cuán grandes cosas había hecho Jesús con él; y todos se maravillaban (v. 20).

### *Los resultados*

¿Cuál fue el efecto de la vida cambiada de este hombre? Creo que lo veo más adelante en Marcos 7:31—8:9. Aquí leemos que Jesús se estaba moviendo a través de una región de gentiles afuera de Israel. Jesús no había estado en esta región antes, ni era bien conocido ahí. Pero sorprendentemente, cuando Jesús llegó a este lugar remoto, se encontró con una muchedumbre de alrededor de 4.000 hombres (sin mencionar las mujeres y los niños) ¡listos y esperando escuchar su mensaje!

¿De dónde vinieron estas personas? Personalmente creo que el hombre en Marcos 5 había hecho exactamente lo que Jesús le había dicho que hiciera. Creo que obedientemente les había contado su testimonio y esas personas aparecieron en un lejano lugar para ver a Jesús y oír su mensaje ellos mismos.

### *Los detalles*

Mi joven amigo, tu testimonio personal de la obra de Jesús en tu vida es la herramienta mayor y más poderosa que tienes para alcanzar a otros para Dios. ¿Por qué? ¡Es acerca de tu experiencia con Jesucristo! Es personal. Así que nadie puede contradecirte por ella. Y nunca podrás decir algo errado. Además, el hecho de que te sucedió a ti lo hace más significativo a las personas que te oyen describirlo.

Tu testimonio personal lo puedes dividir en tres partes:

Parte uno: Lo que mi vida era antes de conocer a Jesucristo

Parte dos: Cómo conocí a Jesús.

Parte tres: Lo que mi vida ha sido desde el encuentro con Jesucristo.

Ahora, toma un momento para pensar en tu pasado. ¿Cuáles son las circunstancias que te llevaron a la aceptación del Señor Jesús como tu Señor y Salvador? ¿Qué cambios o diferencias has visto y espero que otros en tu vida desde que te convertiste en cristiano? Usando esta división de estas tres partes para tu testimonio personal, trata brevemente de tomar nota de lo que te sucedió. (Para ayudarte aquí, he incluido una hoja de trabajo o un bosquejo al final de este capítulo.)

Una vez que hayas escrito tus notas, estás listo para llevar a cabo la exhortación del apóstol Pedro en 1 Pedro 3:15: "estad siempre preparados para presentar defensa con mansedumbre y reverencia ante todo el que os demande razón de la esperanza que hay en vosotros". Así que termina con una oración de acción de gracias a Dios por tu relación con Él a través de su hijo. Y pídele que te dé una oportunidad para dar a conocer la razón de tu esperanza, *tu testimonio personal*, con alguien esta semana.

### *Construye puentes*

Una vez escuché una historia acerca de un oficial de alto rango en un gobierno extranjero que enroló a su hijo no cristiano en una universidad cristiana de los Estados Unidos. Había una gran emoción entre los estudiantes por saber quién podría tener la oportunidad de testificar del evangelio con este joven y posiblemente verlo ir a Jesús. ¿Sería el presidente más antiguo? ¿El atleta estrella? ¿El capellán del recinto universitario? Bueno, el joven sí vino a Cristo. Pero todo el mundo se sorprendió con quien Dios usó como mensajero. Fue Tom, un tipo promedio. Nunca hubieras elegido a Tom de una muchedumbre como alguien con habilidades poco comunes o con habilidades para testificar. Más adelante, cuando alguien le preguntó lo que sucedió, dijo: "simplemente construí un puente entre mi corazón y el suyo y entonces Jesús caminó a través de él".

Desarrollando amistades. Construyendo puentes. ¡Ey, esto es lo que significa desarrollar un corazón para alcanzar a otros! Ni tú ni yo necesitamos ser pastores... o expertos de la Biblia... para testificar. No, pero sí necesitamos ganarnos el derecho de que se nos oiga por los que están alrededor de nosotros... como lo hizo Tom.

¿Cuáles son algunos de los puentes que ayudarán a llevar el mensaje de Jesucristo desde tu corazón a los corazones de otros? Aquí hay algunas sugerencias que te ayudarán a comenzar o a continuar construyendo puentes. (¡Inclusive podríamos llamarlo Curso básico de construcción de puentes!)

Vive tu testimonio cristiano: Al tratar de vivir tu vida consecuentemente para Jesucristo, tus compañeros de escuela y vecinos lo verán a Él obrando en ti a través de...

- tu actitud positiva
- tu compromiso con la pureza
- tu habla
- tus hábitos de trabajo
- tu participación en la iglesia
- tu simpatía

Pídele a Dios que te dé la fuerza para "caminar el camino" para que puedas "emitir el habla".

Ora por los incrédulos: La salvación es obra de Dios; testificar es nuestro trabajo. Y también es la oración. Tú y yo tenemos que construir puentes… y a la misma vez, tenemos que orar para que Dios camine por esos puentes en los corazones y las vidas de otros. Así que:

1. Ora por individuos específicos… los miembros de tu familia, tus parientes, tus compañeros de escuela.
2. Ora por "puertas abiertas"… para dar a conocer tu testimonio como lo hizo Pablo (Col. 4:3).
3. Ora por sabiduría… por lo que vas a comunicar (Col. 4:5-6).
4. Ora para que Dios anule… tus miedos y te dé una gran audacia (Ef. 6:19).
5. Ora fielmente… para que otros conozcan a Cristo.

Al mirar esta lista de "oración" una vez más, piensa en George Müller. Vivió hace más de cien años en Inglaterra y dirigió un orfanato para cientos de niños. Müller comenzó a orar por la salvación de cinco amigos personales. Después de cinco años, uno de esos amigos vino a Cristo. Después de diez años, dos más se salvaron. Y entonces, el cuarto se convirtió en cristiano. Hasta su muerte, no cesó de pedirle a Dios para que salvara al quinto hombre. Pocos meses después que George Müller murió, ¡el quinto amigo se salvó!

¿La historia moral? ¡Nunca te des por vencido con los otros! Nunca ceses de orar por su salvación.

Presta atención a los intereses y a los pasatiempos de los otros: Una de las mejores formas de construir puentes es aprender acerca de los intereses de los que se están haciendo amigos tuyos. ¿Estás preparado para tomar otro pasatiempo para construir un puente con alguien? ¿Para probar una nueva actividad? (¿Tenis?)

Relaciona la Biblia con otros asuntos: ¡Nunca ha habido un mejor momento para discutir las preguntas con otros acerca del futuro... y del presente! Selecciona un periódico. Escucha cualquier programa de noticias. Todos los días hay asuntos que se nos enfrentan y que gritan por una explicación... y Dios la tiene. Busca oportunidades para relacionar lo que la Biblia tiene que decir acerca de los acontecimientos actuales en el mundo. Habla y muéstrales a otros la relevancia de la Biblia hacia la última crisis nacional o mundial.

Muestra genuino interés por otros: La naturaleza humana está muy marcada por el egoísmo. ¿No estás de acuerdo? Las personas se preocupan más por ellas que por lo que hacen por otros. Así que muestra algún interés genuino por otros. Recuerda los nombres. Presta atención a los equipos de deporte y los héroes favoritos, las preocupaciones y los intereses de tus amigos no creyentes. Sal de tu camino y demuéstrales que te interesas. Entonces otros comenzarán a ver el cristianismo como algo deseable.

Conoce a no cristianos en el medio: ¿Qué quieres decir con "en el medio"? Conocerás a pocos no creyentes en tu iglesia o grupos de jóvenes. Seguro, podrías conocer a visitas que entran al estar deambulando por la calle o que un amigo o vecino lo trae. Pero la mayoría de las veces, los incrédulos están afuera, en tu vecindad, en la escuela, el campo de pelota o en el parque de patinaje. Así que conócelos en el medio. Conócelos cada vez que los dos se junten.

Invita a incrédulos a participar en tus pasatiempos e intereses. Además de interesarte en los pasatiempos de los incrédulos, los puedes invitar a que se te unan. ¿Juegas a la pelota? Entonces invita a alguien a que se una a ti y a tus amigos para un juego amigable en el solar vacío cerca de tu casa o en el césped. ¿O quizás a jugar ajedrez o esquí acuático? Al observar tu vida de cerca y de forma personal en el campo de competencia o disfrutando de un pasatiempo, los otros varones, verán más de quién tú eres, no solo como persona, sino también como cristiano.

## Da una respuesta por tu esperanza

No mucho después que comencé a enseñar en Seminario Talbot en el sur de California, mi jefe de departamento me pidió que asistiera a un taller sobre la vida del estudiante en Chicago. Al escuchar a uno de los "sabios" que tenía un grado en teología de una universidad famosa, no mucho después me di cuenta de que este hombre no tenía ni idea de lo que quería decir tener una experiencia personal con Jesucristo.

Así que, durante una de las pausas para el almuerzo, me senté con este "doctor" y comencé una conversación del mensaje de salvación y del hecho de que aquellos que no se convertían en cristianos se condenaban a la eternidad sin Dios. Nunca olvidaré la respuesta del profesor...

"Bueno, ¿y qué de los paganos en África?"

Su respuesta saca a colación uno de los miedos más comunes que la mayoría de las personas tienen acerca de testificar de su fe. Se preocupan. "¿Qué si alguien me hace una pregunta que no puedo contestar?"

Bueno, las posibilidades de que esto ocurra no son muy grandes, pues son solo siete preguntas básicas que los no creyentes generalmente se hacen al forcejear con la verdad del evangelio. ¿Y lo creerás? ¡Este bien educado hombre hizo la primera pregunta de la lista!

Una pregunta para ti: ¿Eres como la mayoría de los varones, temeroso de que las preguntas se te puedan aparecer después que hayas fabricado los puentes y después que hayas desarrollado las amistades? Bueno, anímate. Las preguntas son una buena cosa. ¡Ciertamente habrá preguntas! Debes darles la bienvenida. Las preguntas son una señal de que la persona quiere oír más, ¡y que Dios pudiera estar trabajando en su corazón!

El testificar por Cristo no es una calle de un solo sentido. Y el alcanzar no es un monólogo sino un diálogo. Evangelismo es escuchar a otras personas. Es entender sus miedos y sus preguntas. Y es buscar las respuestas bíblicas.

Lo que nosotros los cristianos necesitamos hacer es tener la suficiente compasión para encontrar las preguntas de nuestros compañeros y entonces ir a la Biblia para las respuestas. Como mencioné hace un momento, hay solo siete preguntas básicas (u objeciones) que los incrédulos tienen y que preguntan. Las he enumerado aquí. Y después de cada objeción, he provisto las Escrituras básicas que te ayudarán con las respuestas. Mi oración es que hayas desarrollado la clase de amistad con otros que te haga sentir cómodo preguntándote una o todas estas preguntas.

## Siete objeciones básicas al evangelio

1. ¿Qué de los paganos que no han oído el evangelio?
   Respuesta: Salmo 19:1; Romanos 1:18-20.

2. ¿Es Cristo el único camino a Dios?
   Respuesta: Juan 14:6.

3. ¿Por qué sufren los inocentes?
   Respuesta: Romanos 5:12.

4. ¿Cómo pueden ser posibles los milagros?
   Respuesta: Juan 1:1, 14; 3:2.

5. ¿No está la Biblia llena de errores?
   Respuesta: 2 Timoteo 3:16; Hebreos 1:1-2; 2 Pedro 1:20-21.

6. ¿No es la experiencia cristiana meramente psicológica?
   Respuesta: Hechos 9. La conversión de Pablo; Romanos 5:8-10.

7. ¿No me llevará al cielo una vida buena?
   Respuesta: Gálatas 2:16; Tito 3:5; Santiago 2:10)[12]

## El cambio de tu vida a una aventura extrema

Anteriormente hablamos acerca de hacer amistades con la clase de cristianos que te ayudarán a avanzar. Así que estarás preguntándote por qué no estamos hablando de hacer puentes y alcanzar a los incrédulos. Cuando hablamos de evangelismo y de alcanzar a los incrédulos, no estamos hablando de "citas evangelísticas" con un incrédulo o "infiltrándonos" en un grupo de incrédulos y convirtiéndonos como uno de ellos y que puedas perder tu distinción como cristiano. Estamos hablando de la clase de amigos que desarrollas en el aula, en el gimnasio, como miembro de un equipo deportivo o musical. Tú y tus amigos no cristianos tendrán intereses y metas físicas en común pero obviamente no compartirás las mismas metas espirituales. ¿Pero no te gustaría que conocieran los mismos gozos que tú como cristiano conoces? Es por eso que debes tener la tarea de construir puentes y de hacer amistades con los incrédulos, para que tengas una oportunidad de "presentar defensa con mansedumbre y reverencia ante todo el que os demande razón de la esperanza que hay en vosotros" (1 P. 3:15). El reto es grande. La aventura es extrema. Pero los premios son eternos para esos que vienen a Cristo a través de tu testimonio verbal y no verbal. Muéstrale a las personas que realmente te importan. Vuelve tus miedos y preocupaciones al Señor. "no temáis al pueblo de esta tierra… porque… con nosotros está Jehová" (Nm. 14:9).

## Decisiones fuertes para hoy

Llena esta hoja o bosquejo para desarrollar tu testimonio personal. Haz en cada parte de tres a cuatro oraciones.

Parte uno: Cómo era mi vida antes de conocer a Cristo.

Piensa en tu vida. ¿Cómo eran las circunstancias que te llevaron a aceptar a Cristo como señor y salvador?

Parte dos: Cómo conocí a Cristo.

Describe a las personas que estaban disponibles en el momento de tu nacimiento espiritual. ¿Qué sucedió?

Parte tres: Cómo ha sido mi vida desde que conocí a Cristo.

¿Qué cambios o diferencias has visto y espero que otros hayan visto, en tu vida desde que te convertiste en cristiano?

## Lo máximo

Lee Marcos 5:1-20. Usando las mismas tres partes del bosquejo que te ayudó a escribir tu testimonio personal, desarrolla el testimonio para el hombre en este pasaje de tu Biblia.

Parte uno: Cómo fue su vida antes de conocer a Cristo.

Parte dos: Cómo conoció a Jesucristo.

Parte tres: Cómo fue su vida después de conocer a Jesucristo.

Lee Marcos 7:31—8:9. ¿Cuál parece haber sido el efecto del testimonio de este hombre?
Pídele a Dios…

- que te dé una oportunidad para hablar de la razón de tu esperanza, tu testimonio personal con alguien esta semana.

- que te aliente a ir a tu familia y decirle cuánto ha hecho el Señor por ti (Mr. 5:19). Dile a los más cercanos a ti, tu familia, tus amigos y tus vecinos, lo que Jesús ha hecho por ti.

Tercera parte

# El camino hacia el oro

12

# La urgencia del premio

*extendiéndome a lo que está delante,*
*prosigo a la meta, al premio del supremo*
*llamamiento de Dios en Cristo Jesús.*
Filipenses 3:13-14

Recuerdas mi viaje a Australia que mencioné anteriormente? Lo llamé un viaje de reto, una aventura extrema. Bueno, he estado en otras aventuras locas también y una de ellas, cuando el polvo finalmente se puso, ¡había viajado a través de siete países en diecisiete días!

El diario día por día del viaje era algo así:

Excursión en un ómnibus de dos pisos en Londres. Sentarse en un camello en la base de las pirámides en Egipto. Flotar en las aguas cargadas de mineral del Mar Muerto en Israel. Caminar "la calle llamada Derecha" en Damasco, Siria. Escalar las antiguas escaleras del Coliseo en Roma. Pasear en un asno entre las puras murallas de rocas rojas en una grieta que lleva a la desierta ciudad de Petra en el Jordán. Y en la noche final de esa aventura, antes de ir con rumbo a casa, estaba de nuevo en Atenas, Grecia, presenciando una exhibición impresionante de luz mientras que oía de las glorias de la antigua Grecia. La voz del comentarista retumbó en los miles de espectadores la historia de cómo los griegos habían comenzado los juegos olímpicos hace más de 2.000 años. Describió dramáticamente cómo los juegos olímpicos modernos son solamente una extensión de esos acontecimientos antiguos.

## El pago del precio

Bueno, algunos años han pasado desde esa memorable noche en Atenas. ¡Tan vívida fue que experimento muchas de las vistas y de los sonidos de Grecia una vez más cada vez que veo los juegos olímpicos por la televisión! Incluso si no te gustan los deportes, no puedes evitar trasladarte hasta este, el más grande de los acontecimientos en el mundo.

Y si vez los juegos, los comentaristas dan mucha información acerca de los diferentes participantes. Hablan de cuán duro estos jugadores olímpicos trabajan y el precio que pagan hasta para calificar para su deporte, sin mencionar el participar en la Olimpiadas.

Muchos de los contendientes de hoy practican de 12 a 16 horas al día, seis días a la semana ¡por años! para correr una carrera de diez segundos, para nadar una vuelta a la velocidad de la luz, para hacer un movimiento de gimnasia de un giro triple, para contraerse sobre la barra de un salto con garrocha, para guiar a un caballo a que salte una pared de ladrillos del tamaño de un hombre. ¡Estas personas están dedicadas a su deseo de competir y ganar! Por tanto, pagan un precio.

Te tengo que decir, al escuchar los comentarios y mirar la impresionante, extenuante competencia que se llevan a cabo durante las olimpiadas, no puedo sino preguntarme acerca de mi compromiso para correr la carrera en la que estoy, la carrera cristiana. Para nadar en la piscina en la que estoy, el mundo. Para seguir adelante por el premio que debo buscar el "premio del supremo llamamiento de Dios en Cristo Jesús" (Fil. 3:14). Para dar lo mejor de mí para lo mejor de Él. Para ir por el oro ¡la eternidad! ¿Tengo una mentalidad olímpica? ¿Estoy motivado y movido para completar alguna tarea, asignación o ministerio? ¿Tengo la voluntad o el deseo de pagar el precio y proseguir por el premio y finalmente ganar?

¿Y qué de ti? ¿Cómo está tu compromiso para "ir por el oro"? Oh, no por el oro olímpico, sino por el oro de otro tipo, el oro de ser lo mejor que puedas ser. El oro que te tiene haciendo lo mejor en todo acontecimiento, actividad, tarea doméstica, tarea escolar, lo que sea ¿todo para complacer al Señor?

De eso es de lo que queremos hablar en este capítulo, lo que te va a llevar a ser un hombre conforme al corazón de Dios, a ser un hombre de Dios hoy… que te dará un gran impulso para ser un hombre de Dios mañana. Revisa los principios que otros han seguido en su búsqueda del oro de Dios y déjalos que te ayuden también.

### *Principio #1: Sé diligente.*

El apóstol Pablo era un tipo asombroso. Realmente imitaba este principio de la diligencia. Con todo su ministerio de alcanzar a otros, aún tenía tiempo para entrenar a muchos jóvenes. Uno de ellos fue Timoteo. Conocemos primeramente a Timoteo en Hechos 16:1. Era un hombre joven que acababa de entrar en el ministerio. Entonces quince años más tarde nos encontramos con Timoteo de nuevo, que por estos años es el pastor de Éfeso.

Cuando Pablo le escribió a Timoteo acerca de sus deberes pastorales, le dijo: "Procura con diligencia presentarte a Dios aprobado, como obrero que no tiene de qué avergonzarse" (2 Ti. 2:15). En otras palabras, Timoteo tenía que hacer todo esfuerzo, darse completo, para hacer lo mejor. ¿Por qué? Para que no tuviera nada de que avergonzarse… no delante de su mentor, Pablo, sino delante de Dios, la persona a la que Timoteo le estaba sirviendo realmente. A Timoteo se le dijo que fuera diligente a lo que se le llamó a hacer, predicar y enseñar, para no avergonzar al Señor.

Amigo, Dios nos está pidiendo a ti y a mí que desarrollemos este tipo de corazón de diligencia y que también seamos lo mejor en cualquier cosa que hagamos.

### *Principio #2: Haz lo mejor.*

A través de los años he viajado a la India quince veces por el ministerio. La India es un país único y fascinante con una gran masa de personas que necesitan a Jesucristo. Debido a mi interés en la India, mi mirada se volvió a esta historia que habla de hacer lo mejor en cualquier cosa que Dios te llame a hacer.

> Un misionero de la India contó acerca de un oficial del ejército que se detuvo para que un muchacho le limpiara los zapatos. El muchacho se lanzó a su tarea con un entusiasmo y un vigor tales que el hombre estaba completamente sorprendido. En lugar de una actuación chapucera y común con una mano alargada demasiado entusiasta por una propina, el muchacho trabajó diligentemente hasta que el cuero brilló con un radiante lustre.
>
> El oficial le preguntó: "¿Por qué te estás tomando tanto tiempo en lustrarme las botas?"
>
> "Bueno señor, fue la respuesta: La semana anterior Jesús vino a mi corazón y ahora le pertenezco. Desde entonces, cada vez que limpio los zapatos de alguien me mantengo pensando que son de Él, así que hago lo mejor que puedo. ¡Quiero que Él esté complacido!"

Este joven demostró un deseo de hacer lo mejor. ¿Te sucede lo mismo a ti? ¿Estás deseoso de ir tan lejos como darle brillo a los zapatos para la gloria de Dios... o sacar la basura o limpiar la habitación para complacer al que murió en tu lugar? Debido a lo que Cristo ha hecho por ti y por mí, ¿cómo podemos hacer menos que darle lo mejor a Él?

- Le damos gloria a Dios cuando hacemos lo mejor.
- Representamos al Señor Jesús, por lo tanto hacemos lo mejor.
- Servimos al Señor, no a los hombres, así que hacemos lo mejor.

- Proveemos un modelo de vida de nuestro Salvador resucitado mientras que hacemos lo mejor.
- Cumplimos con el propósito de Dios al hacer lo mejor.

***Principio #3: Sé un siervo.***

Por ocho años trabajé como mensajero farmacéutico. Durante ese tiempo, participé en un programa de entrenamiento en el cuartel general de una compañía corporativa. En esas reuniones, a nosotros los aspirantes a director se nos puso en situaciones de ventas específicas y entonces a resolver los problemas. ¡Probablemente te puedes imaginar la escena de cada uno de nosotros al tratar de demostrarle a los jefes que nosotros éramos un material de dirección superior! Mientras que el entrenamiento era un trabajo duro, se necesitaba. Todo el mundo necesita aprender a trabajar con otros para resolver los problemas. Y todo el mundo necesita asumir los roles del liderazgo y ser responsables cuando algo va mal. Y los que somos cristianos debemos ir un paso más allá: Necesitamos no solamente superarnos en todo lo que hacemos y en todo tiempo, sino debemos buscar ser un siervo también. Eso parece ser contradictorio, ¡pero se puede hacer! Como cristianos debemos acercarnos a todo lo que hacemos en la vida como un siervo, en casa con los padres, en la escuela con los compañeros y los profesores hoy o mañana al obtener más entrenamiento en la escuela para entrar al mundo del trabajo. Y Jesús nos dará la guía que necesitamos en esta materia del servicio.

Mirando el ejemplo de Jesús. El mismo Señor Jesús modeló la clase de siervo que tú y yo y todo hombre conforme al corazón de Dios, debemos ser. Una semana más o menos, antes de su muerte, dos de los discípulos de Jesús, Santiago y Juan, le pidieron las mejores posiciones del reino. Escucha la respuesta de Jesús:

> Sabéis que los gobernantes de las naciones se enseñorean de ellas, y los que son grandes ejercen sobre ellas potestad. Mas entre vosotros no será así, sino que el que quiera hacerse grande entre vosotros será vuestro servidor, y el que quiera ser el primero entre vosotros será vuestro siervo; como el Hijo del Hombre no vino para ser servido, sino para servir, y para dar su vida en rescate por muchos (Mt. 20:25-28).

¿Quieres ser grande, en el buen sentido de la palabra? La verdadera excelencia no se determina por ser el número uno, por estar en la cima. Jesús fue el más grande líder de todos los tiempos… y sin embargo fue el siervo de todos.

Seguir el ejemplo de Jesús: ¿Cómo? Siendo el siervo de todos los que están a tu alrededor. Después de todo, servir a otros es una de las marcas de un hombre piadoso. Convertirte en un siervo…

- vive con una actitud de sirviente, lo que significa que…
- vive para promover a otros,
- vive para alabar a otros,
- vive para alentar a otros,
- vive para preguntar, no para decir, y
- vive para dar, no para recibir.

Amigo, tienes una elección acerca de tu actitud.

—Puedes vivir con una actitud de tomar de otros lo que necesites para tu propio bien. Esta actitud percibe a otros, tus padres, tus profesores, tus amigos, como existiendo para servirte. O…

—Puedes tener la actitud que dice: "¿Qué le puedo poner a esta relación?" Esta mejor actitud, la actitud de un siervo, busca promover a otros, a hacer sus vidas mejor. Contribuir positivamente a las vidas de otros es el rol del siervo.

***Principio #4: Sé un aprendiz.***

¿Recuerdas el epitafio sobre la lápida del científico en el capítulo uno? "Murió aprendiendo". Bueno, amigo, ese debe ser nuestro lema también. Tú y yo debemos morir aprendiendo. Desafortunadamente, muchos jóvenes tienen esto a la zaga. Su lema es: "¡Prefiero morir que aprender!" No les gusta la escuela de ningún tipo y no pueden esperar a graduarse para que puedan estar en la "vida real". O se esfuerzan al mínimo para pasar la vida. Y tristemente, mañana se despertarán y tendrán opciones de carreras limitadas porque no continúan aprendiendo.

Ahora, quiero apresurarme en decir que conozco muchos varones que han llegado a los niveles más altos de su profesión o comercio. Pero si observas de cerca a estos hombres, encontrarás que cada uno ha continuado su educación, quizá no de una manera formal, sino informal. En otras palabras han continuado aprendiendo y esa es la razón de su progreso.

Eso es lo que quiero decir por ser un aprendiz. El aprendizaje no se limita a las escuelas y a los libros de texto. No, el aprendizaje tiene que ver con un desarrollo continuado. Veo al aprendizaje de esta manera.

- El aprendizaje es un estado de la mente, una actitud.
- El aprendizaje es progresivo, crece sobre sí mismo.
- El aprendizaje no depende de tu cociente de inteligencia.
- El aprendizaje no distingue entre nacionalidades.
- El aprendizaje no requiere de una educación de un aula.

- El aprendizaje no siempre ofrece un grado.
- El aprendizaje se ordena en la Biblia (2 P. 3:18).
- El aprendizaje es un camino de vida para el hombre conforme al corazón de Dios.

Aquí hay varias sugerencias para continuar aprendiendo para toda la vida:

Aprende a leer: La mayoría de los hombres leen muy poco... o nada. De hecho, las encuestas muestran que los hombres compran solo el cinco por ciento de todos los libros cristianos. ¡Hermano, si esto es verdad, estamos yendo en la dirección equivocada cuando de leer se trata! La lectura es la ventana al aprendizaje. La lectura te expone al globo terráqueo completo y al conocimiento y experiencia de otros. ¡Por lo tanto, la lectura debe ser una pasión para nosotros!

Cuando los hombres piadosos en la iglesia comenzaron a ayudarme en mi deseo de convertirme en un hombre conforme al corazón de Dios, noté que siempre estaban leyendo. Al desear crecer y al querer seguir sus pasos, les pregunté acerca de qué debía leer. Y tú puedes hacer lo mismo también. Pídele a tus líderes de jóvenes una lista de libros para que puedas comenzar tu propia jornada en la lectura.

Y no olvides, el primer libro que debes leer es la Biblia. Léela un poco cada vez de tapa a tapa. Una y otra vez, por el resto de tu vida. (Para ayudas sobre esto, podrás ver el programa al final de este libro.)

Aprende a hacer preguntas: Todo el mundo tiene algo que enseñarte. Así que acércate a todas las personas como tu maestro. Son expertos en algo. Averigua lo que ese algo es y entonces aprende de ellos. Haz un esfuerzo para hacer preguntas que expandan tu entendimiento en el conocimiento de ellos.

Aprende de las experiencias de otros: Se ha dicho que esa persona que depende de sus propias experiencias tiene muy poco material con el que pueda trabajar. Así que, una vez más, haz preguntas, busca aprender de las experiencias de los que estén deseosos de enseñarte. Y aunque no puedas hacer preguntas de los grandes del pasado, puedes leer sus biografías. Puedes aprender de sus éxitos y puedes aprender a evitar sus errores.

Repito, no olvides tu Biblia. La Biblia es el mejor de los libros para el aprendizaje de las experiencias de otros. ¡Solo piensa en cuánto hemos aprendido de los éxitos... y de los errores... de David! la Biblia debe ser el libro de texto primario para la vida y para el aprendizaje.

¡Oro para que nunca dejes de aprender! Y para asegurarte de que aprendas, debes hacerlo todos los días. Así que, cada día pregúntate...

- "¿Qué de nuevo puedo aprender hoy?"
- "¿De quién puedo aprender hoy?"
- ¿Cómo me puedo extender en algún aspecto de mi vida hoy?"

## El cambio de mi vida en una aventura extrema

¿Estás aprovechando la importancia de estos años de tu vida ahora mismo? Los hábitos y la disciplina que adquieres hoy y durante los años pondrán los fundamentos por el resto de tu vida. ¿Cómo puedes convertir tu vida en una aventura extrema? Hoy puedes seleccionar y todos los días, hacer un esfuerzo para comenzar la aventura, para ponerte en la pista rápida y para presionar por el premio... o puedes seleccionar perder estos años críticos.

*Today Matters* [El hoy importa] es el pequeño título de un éxito de ventas. ¡Y espero que lo creas! Para mí, la verdad de este título significa:

- Las decisiones de hoy te darán las mayores oportunidades mañana.
- Los buenos hábitos de hoy te darán una mayor disciplina mañana.
- Las buenas actitudes te darán un buen deseo para ganar el precio mañana.

Obviamente, hay más ¡mucho más! pero ahora, te dejo con las palabras en la siguiente página acerca de cómo convertirse en un "ganador".

## Un ganador

Un ganador respeta a los que son superiores a él y trata de aprender algo de ello; un perdedor resiente a los que son superiores y racionaliza sus logros.

Un ganador explica; un perdedor se pierde.

Un ganador dice: "Encontremos un camino"; un perdedor dice: "No hay camino".

Un ganador va a través de un problema; un perdedor trata de ir por su alrededor.

Un ganador dice: "Debe haber un camino mejor para hacerlo". Un perdedor dice: "De esa forma siempre se ha hecho aquí".

Un ganador muestra que lo siente; un perdedor dice: "Lo siento" pero hace lo mismo la próxima vez.

Un ganador sabe por qué luchar y en qué comprometerse; un perdedor se compromete en lo que no debe y lucha por lo que no vale la pena.

Un ganador trabaja más fuerte que un perdedor y tiene más tiempo; un perdedor está "demasiado ocupado" para hacer lo que es necesario.

Un ganador no tiene miedo de perder; un perdedor está secretamente temeroso de ganar.

Un ganador tiene responsabilidad; un perdedor promete.[13]

## Decisiones fuertes para hoy

Lee de nuevo la historia del muchacho limpiabotas. ¿Qué puedes hacer hoy para exhibir un mayor nivel de diligencia?

Enumera tus actos de servicios durante las pasadas 24 horas. ¿Qué revelan acerca de tu actitud como siervo? ¿Qué puedes hacer para exhibir un nivel más alto de servicio?

El general Douglas MacArthur no era un soldado tonto que se preguntaba mucho de sí mismo y de sus hombres. Esto es lo que dijo acerca de su vida y del aprendizaje:

> La vida es un proceso de convertirse. Si no has añadido a tus intereses durante el pasado año, si tienes los mismos pensamientos, si estás relatando las mismas experiencias, si tienes las mismas reacciones predecibles, el *rigor mortis* se ha establecido.[14]

Busca *rigor mortis* en el diccionario y escribe la definición. Entonces llena los espacios en blanco en el epitafio debajo.

> Aquí yace (tu nombre) _____________.
>
> Dejó de aprender a la edad de (tu edad) ____.
>
> Murió de ignorancia muchos años más tarde.

Después de todo lo que has aprendido acerca de la diligencia, la servidumbre, que este epitafio sea tuyo mientras buscas glorificar al Señor:

> ___________ (tu nombre) murió aprendiendo…
> ¡para la gloria de Dios!

Enumera dos o tres cosas que puedes hacer hoy para comenzar a hacer esto verdad en ti.

## Lo máximo

*Procura con diligencia presentarte a Dios aprobado, como [quien] usa bien la palabra de verdad.*
2 Timoteo 2:15

Lee Génesis 39:1-6. Describe la nueva situación de José y cómo Potifar recompensó la diligencia de José, su excelencia y su servicio.

Lee Génesis 39:20-23. Describe la nueva situación de José y cómo el director premió su diligencia, excelencia y servicio. ¿Qué versículos te muestran la conexión entre las bendiciones de Dios y la diligencia de José?

¿Qué te enseñan estos dos episodios de la vida de José acerca de tu propia situación y actitud hacia los diferentes deberes? ¿Qué dice Eclesiastés 9:10 sobre este tema?

¿Qué dice Colosenses 3:23 sobre este tema?

13

# La urgencia para el propósito de Dios

*Porque a la verdad David, habiendo servido a su propia generación según la voluntad de Dios, durmió.*

Hechos 13:36

Tú y yo comenzamos la aventura extrema con el sueño de escalar la cima y de obtener el panorama pleno, una vista de lo que significa ser un hombre conforme al corazón de Dios. Y, mi amigo viajero, lo hemos hecho. ¡Felicitaciones! ¡Bien hecho!

Estoy contento de que te hayas quedado conmigo a través de este libro. Espero que haya sido divertido. (¡Lo fue para mí!) Y confío en que haya sido retador. (¡Ciertamente lo fue para mí!) Y espero que hayas llegado a entender esta clave para tu vida como un hombre conforme al corazón de Dios: ¡Dios mira el corazón en *todo*! Esto significa que tu relación con Dios tiene que ver con tu corazón y con el deseo de tu corazón.

## El conocimiento del propósito de Dios

¿Alguna vez has estado en los Niños exploradores o llevado a un curso de supervivencia? Entonces sabes que una de las primeas habilidades que debes aprender es encontrar tu orientación y dirección cuando estás perdido. Y por la noche, la mejor manera de hacerlo es prestar atención a la Estrella Polar

Bueno, para un joven conforme al corazón de Dios que está tratando de caminar por este mundo, tu primera prioridad es aprender la voluntad y el propósito de Dios para tu vida. Una vez que lo sepas, nunca te perderás o estarás confundido. ¡Siempre estarás en la pista correcta! Una vez que conozcas el propósito de Dios para ti, puedes salir a la vida con confianza.

¿Cuál es mi propósito, te preguntas? Pablo dice: "Si, pues, coméis o bebéis, o hacéis otra cosa, hacedlo todo para la gloria de Dios" (1 Co. 10:31). Esto significa que el propósito de tu vida es glorificar a Dios.

Sí, ¿pero cómo? Te preguntas. Glorificas a Dios viviendo sus prioridades para ti. De eso hemos estado hablando en este libro. Vivir el propósito de Dios para tu vida. Las prioridades que hemos discutido, las relacionadas con

tu familia,

tus amigos,

tu educación,

tus metas,

tu iglesia,

tu pureza y

tu testimonio.

Todo sirve como un gran comienzo para el entendimiento del propósito de Dios para tu vida. ¿A qué hombre no le gustaría cumplir el gran propósito de Dios para él? O dicho de otra manera, ¿a qué hombre no le gustaría participar en la aventura extrema que Dios ha planeado para él?

## Persigue el propósito de Dios

Mi amigo, al despedirnos y mientras continuamos siendo conforme al corazón de Dios, quiero retarte a (como yo me reto.) buscar a Dios y su propósito. Busca su ayuda cumpliendo su propósito de estas formas:

Primera y principalmente, lee tu Biblia.

Sé fiel y ora regularmente.

Busca a alguien que te discipline.

Ve por el oro y date completamente. Y sobre todas las cosas.

Busca la voluntad de Dios con todo tu corazón y

Anhela vivir sus prioridades.

Al desarrollar esta clase de corazón, un corazón conforme al de Dios, tendrás un marcado efecto en tu familia, tus amigos, tu iglesia... ¡y tu mundo! Tu generación nunca será la misma... ¡ni tú tampoco!

## Vive el propósito de Dios

En tu propia aventura estoy seguro de que tú, como David (y yo), tendrás algunas fallas en tu obediencia y en tu deseo para Dios y para vivir su propósito. ¡Todos los tenemos! Pero recuerda esto: No puedes hacer nada acerca del ayer; pero comenzando hoy puedes seguir los pasos de David. Cuando fallas, puedes hacer lo que David hizo y arrepentirte, levántate y continúa siguiendo a Dios. Como David, que sirvió el propósito de Dios, puedes seguir como un hombre conforme al corazón de Dios, persiguiendo su propósito. David, en todos sus errores y fallos en su camino con Dios, siempre llegó a un punto donde regresó a Dios con gran remordimiento y dolor. Esta actitud de arrepentimiento y deseo de agradar a Dios es lo que hizo que David fuera un hombre conforme al corazón de Dios.

Ahora, la gran pregunta es, ¿vivirás tus planes, o vivirás los propósitos de Dios? ¿No quisieras que dijeran de ti que estás sirviendo los propósitos de Dios? Mi cálculo es que este es tu deseo. ¿Qué hombre no quisiera cumplir el grandioso plan de Dios para su vida?

¡Qué oportunidad tan increíble tienes a tu disposición! Que este vivo epitafio sea verdadero:

________________________________________

(Tu nombre)
Es un hombre conforme al corazón de
Dios que está viviendo el propósito de Dios.

# ¿Cómo estudiar la Biblia? Algunos consejos prácticos

Una de las mejores búsquedas en el que un hijo de Dios se puede embarcar es conocer y entender mejor a Dios. La mejor forma que podemos lograr esto es mirar cuidadosamente al libro que Él ha escrito, la Biblia, que comunica quién es Él y su plan para la humanidad. Hay un número de formas en las que podemos estudiar la Biblia pero uno de los enfoques más eficaces y sencillos para la lectura y entendimiento de la Palabra de Dios involucra tres pasos sencillos:

Paso 1: Observación: ¿Qué dice el pasaje?

Paso 2: Interpretación: ¿Qué significa el pasaje?

Paso 3: Aplicación: ¿Qué voy a hacer acerca de lo que el pasaje dice y significa?

**La observación** es el primero y más importante paso en el proceso. Al leer el texto de la Biblia, necesitas observar cuidadosamente lo que se dice y cómo se dice. Busca:

- Términos, no palabras. Las palabras pueden tener muchos significados pero los términos son palabras usadas de una forma específica en un contexto específico. (Por ejemplo, la palabra tronco pudiera aplicarse a un árbol, a un automóvil y a una caja, sin embargo, cuando lees. "Ese árbol tiene un tronco grande" sabes exactamente lo que la palabra significa, la que lo hace un término.)

- La estructura. Si observas tu Biblia, verás que el texto tiene unidades llamadas párrafos. Un párrafo es una unidad completa de pensamiento. Puedes descubrir el contenido del mensaje del autor anotando y entendiendo cada unidad del párrafo.
- Énfasis. La cantidad de espacio o de números de capítulos o versículos dedicados a un tema específico revelará la importancia de ese tema. (Por ejemplo, nota el énfasis de Romanos 9-11 y del Salmo 119.)
- Repetición. Esta es otra forma con la que un autor demuestra que algo es importante. Una lectura de 1 Corintios 13, donde el autor usa la palabra "amor" nueve veces nos comunica que el amor es el punto focal de estos trece versículos.

  Relaciones entre las ideas. Presta mucha atención, por ejemplo, a ciertas relaciones que aparecen en el texto:

- "Causa-efecto": "Bien, buen siervo y fiel; sobre poco has sido fiel, sobre mucho te pondré" (Mt. 25:21).
- Los "si y los entonces": "Si se humillare mi pueblo, sobre el cual mi nombre es invocado, y oraren, y buscaren mi rostro, y se convirtieren de sus malos caminos; entonces yo oiré desde los cielos, y perdonaré sus pecados, y sanaré su tierra" (2 Cr. 7:14).

  Preguntas y respuestas: "¿Quién es este Rey de gloria? Jehová el fuerte y valiente, Jehová el poderoso en batalla" (Sal. 24:8).

- Comparaciones y contrastes. Por ejemplo. "Oísteis que fue dicho… Pero yo os digo… (Mt. 5:21-22).
- Forma literaria. La Biblia es literatura y las tres clases principales de literatura en la Biblia son discursos (las

epístolas), prosa (historia del Antiguo Testamento) y poesía (los salmos). Considerar los tipos de literatura influye cuando lees e interpretas las Escrituras.

- Atmósfera. El autor tuvo una razón particular o carga para escribir cada pasaje, capítulo y libro. Estate seguro de que notas el modo o tono de urgencia del escrito.

Después de considerar estas cosas, entonces estás listo para responder las "preguntas de información":

¿Quién? ¿Quiénes son las personas del pasaje?

¿Qué? ¿Qué está sucediendo en el pasaje?

¿Dónde? ¿Dónde está sucediendo la historia?

¿Cuándo? ¿Qué hora (del día, del año, en la historia) es?

Hacer estas cuatro preguntas de información te puede ayudar a notar los términos y a identificar la atmósfera. Las respuestas te posibilitarán usar la imaginación y recrear las escenas que estás leyendo.

El responder las preguntas de información e imaginar los acontecimientos, probablemente te ayudará a construir un puente entre la observación (el primer paso) y la interpretación (el segundo paso) del proceso del estudio de la Biblia.

**La interpretación** es descubrir el significado del pasaje, del pensamiento o de la idea del autor. Responder las preguntas que surgen durante la observación te ayudará en el proceso de la interpretación. Las cinco claves (llamadas las cinco C) te puede ayudar a interpretar el (los) principal(es) punt(os) del autor:

- **C**ontexto. Puedes responder el 75 por ciento de tus preguntas acerca del pasaje cuando lees el texto. La lectura involucra observar el contexto cercano (el versículo inmediatamente antes o después) así como el contexto lejano (el párrafo o el capítulo que precede o el pasaje que estás estudiando).

- Referencias **C**ruzadas. Deja que las Escrituras interpreten las Escrituras. O sea, que otros pasajes en la Biblia derramen luz en el pasaje que estás observando. Al mismo tiempo, ten cuidado de no asumir que la misma palabra o frase en dos pasajes diferentes significa lo mismo.
- **C**ultura. La Biblia se escribió hace mucho tiempo, así que cuando la interpretamos, necesitamos entenderla desde el contexto cultural del escritor.
- **C**onclusión. Habiendo respondido tus preguntas para la comprensión por medio del contexto, del contenido cruzado y de la cultura, puedes hacer una declaración preliminar del significado del pasaje. Recuerda que si tu pasaje consiste en más de un párrafo, el autor puede estar representando más de una idea o de un pensamiento.
- **C**onsulta. Leer libros conocidos como comentarios, que se escriben por eruditos de la Biblia te puede ayudar a interpretar las Escrituras.

La aplicación es por qué estudiamos la Biblia. Queremos que nuestras vidas cambien; queremos ser obedientes a Dios y crecer más como Jesucristo. Después que hemos observado un pasaje e interpretado o entendido con lo mejor de nuestras habilidades, entonces aplicamos su verdad a nuestra propia vida.

Pudieras hacer las siguientes preguntas a todo pasaje de las Escrituras que estudias:

- ¿Cómo afecta mi relación con Dios toda la verdad revelada aquí?

- ¿Cómo afecta esta verdad mi relación con otros?
- ¿Cómo me afecta esta verdad a mí?
- ¿Cómo esta verdad afecta mi respuesta al enemigo, Satanás?

El paso de la aplicación no está completo simplemente al responder estas preguntas; la clave es poner en práctica lo que Dios te ha enseñado en tu estudio. Aunque en cualquier momento dado no puedas aplicar conscientemente todo lo que estás aprendiendo en el estudio de la Biblia, puedes aplicar algo conscientemente. Y cuando trabajes en la aplicación de una verdad a tu vida, Dios bendecirá tus esfuerzos, como se observó anteriormente, conformándote a la imagen de Jesucristo.

## Recursos útiles para el estudio de la Biblia

Una buena Concordancia exhaustiva de la Biblia.

Un Diccionario bíblico.

Un Manual de usos y costumbres de los tiempos de la Biblia.

## Algunos libros que te ayudarán en el estudio de la Biblia

Editorial Portavoz tiene una extensa cantidad de libros que te ayudarán en este propósito. Para conocer cuáles son y los nuevos títulos publicados, comunícate al 1-877-733-2607, gratis en Estados Unidos, visita tu librería cristiana preferida o www.portavoz.com en la red informática.

# Programa extremo de adiestramiento espiritual

## Plan para leer toda la Biblia en un año

**Enero** **Génesis**

- ❑ 1 1-3
- ❑ 2 4-7
- ❑ 3 8-11
- ❑ 4 12-15
- ❑ 5 16-18
- ❑ 6 19-22
- ❑ 7 23-27
- ❑ 8 28-30
- ❑ 9 31-34
- ❑ 10 35-38
- ❑ 11 39-41
- ❑ 12 42-44
- ❑ 13 45-47
- ❑ 14 48-50

**Éxodo**

- ❑ 15 1-4
- ❑ 16 5-7
- ❑ 17 8-11
- ❑ 18 12-14
- ❑ 19 15-18
- ❑ 20 19-21
- ❑ 21 22-24
- ❑ 22 25-28
- ❑ 23 29-31
- ❑ 24 32-34
- ❑ 25 35-37
- ❑ 26 38-40

**Levítico**

- ❑ 27 1-3
- ❑ 28 4-6
- ❑ 29 7-9
- ❑ 30 10-13
- ❑ 31 14-16

**Febrero**

- ❑ 1 17-20
- ❑ 2 21-23
- ❑ 3 24-27

**Números**

- ❑ 4 1-2
- ❑ 5 3-4
- ❑ 6 5-6
- ❑ 7 7-8
- ❑ 8 9-10
- ❑ 9 11-13
- ❑ 10 14-15
- ❑ 11 16-17
- ❑ 12 18-19
- ❑ 13 20-21
- ❑ 14 22-23
- ❑ 15 24-26
- ❑ 16 27-29
- ❑ 17 30-32
- ❑ 18 33-36

| | | **Deuteronomio** |
|---|---|---|
| ❑ | 19 | 1-2 |
| ❑ | 20 | 3-4 |
| ❑ | 21 | 5-7 |
| ❑ | 22 | 8-10 |
| ❑ | 23 | 11-13 |
| ❑ | 24 | 14-16 |
| ❑ | 25 | 17-20 |
| ❑ | 26 | 21-23 |
| ❑ | 27 | 24-26 |
| ❑ | 28 | 27-28 |

**Marzo**

| | | |
|---|---|---|
| ❑ | 1 | 29-30 |
| ❑ | 2 | 31-32 |
| ❑ | 3 | 33-34 |
| | | **Josué** |
| ❑ | 4 | 1-4 |
| ❑ | 5 | 5-7 |
| ❑ | 6 | 8-10 |
| ❑ | 7 | 11-14 |
| ❑ | 8 | 15-17 |
| ❑ | 9 | 18-21 |
| ❑ | 10 | 22-24 |
| | | **Jueces** |
| ❑ | 11 | 1-3 |
| ❑ | 12 | 4-6 |
| ❑ | 13 | 7-9 |
| ❑ | 14 | 10-12 |
| ❑ | 15 | 13-15 |
| ❑ | 16 | 16-18 |
| ❑ | 17 | 19-21 |
| | | **Rut** |
| ❑ | 18 | 1-4 |
| | | **1 Samuel** |
| ❑ | 19 | 1-3 |
| ❑ | 20 | 4-6 |
| ❑ | 21 | 7-9 |
| ❑ | 22 | 10-12 |
| ❑ | 23 | 13-14 |
| ❑ | 24 | 15-16 |
| ❑ | 25 | 17-18 |
| ❑ | 26 | 19-20 |
| ❑ | 27 | 21-23 |
| ❑ | 28 | 24-26 |
| ❑ | 29 | 27-29 |
| ❑ | 30 | 30-31 |
| | | **2 Samuel** |
| ❑ | 31 | 1-3 |

**Abril**

| | | |
|---|---|---|
| ❑ | 1 | 4-6 |
| ❑ | 2 | 7-10 |
| ❑ | 3 | 11-13 |
| ❑ | 4 | 14-15 |
| ❑ | 5 | 16-17 |
| ❑ | 6 | 18-20 |
| ❑ | 7 | 21-22 |
| ❑ | 8 | 23-24 |
| | | **1 Reyes** |
| ❑ | 9 | 1-2 |
| ❑ | 10 | 3-5 |
| ❑ | 11 | 6-7 |
| ❑ | 12 | 8-9 |
| ❑ | 13 | 10-12 |
| ❑ | 14 | 13-15 |
| ❑ | 15 | 16-18 |
| ❑ | 16 | 19-20 |
| ❑ | 17 | 21-22 |
| | | **2 Reyes** |
| ❑ | 18 | 1-3 |
| ❑ | 19 | 4-6 |
| ❑ | 20 | 7-8 |
| ❑ | 21 | 9-11 |

- ❑ 22 12-14
- ❑ 23 15-17
- ❑ 24 18-19
- ❑ 25 20-22
- ❑ 26 23-25

**1 Crónicas**

- ❑ 27 1-2
- ❑ 28 3-5
- ❑ 29 6-7
- ❑ 30 8-10

**Mayo**

- ❑ 1 11-13
- ❑ 2 14-16
- ❑ 3 17-19
- ❑ 4 20-22
- ❑ 5 23-25
- ❑ 6 26-27
- ❑ 7 28-29

**2 Crónicas**

- ❑ 8 1-4
- ❑ 9 5-7
- ❑ 10 8-10
- ❑ 11 11-14
- ❑ 12 15-18
- ❑ 13 19-21
- ❑ 14 22-25
- ❑ 15 26-28
- ❑ 16 29-31
- ❑ 17 32-33
- ❑ 18 34-36

**Esdras**

- ❑ 19 1-4
- ❑ 20 5-7
- ❑ 21 8-10

**Nehemías**

- ❑ 22 1-3
- ❑ 23 4-7
- ❑ 24 8-10
- ❑ 25 11-13

**Ester**

- ❑ 26 1-3
- ❑ 27 4-7
- ❑ 28 8-10

**Job**

- ❑ 29 1-4
- ❑ 30 5-8
- ❑ 31 9-12

**Junio**

- ❑ 1 13-16
- ❑ 2 17-20
- ❑ 3 21-24
- ❑ 4 25-30
- ❑ 5 31-34
- ❑ 6 35-38
- ❑ 7 39-42

**Salmos**

- ❑ 8 1-8
- ❑ 9 9-17
- ❑ 10 18-21
- ❑ 11 22-28
- ❑ 12 29-34
- ❑ 13 35-39
- ❑ 14 40-44
- ❑ 15 45-50
- ❑ 16 51-56
- ❑ 17 57-63
- ❑ 18 64-69
- ❑ 19 70-74
- ❑ 20 75-78
- ❑ 21 79-85
- ❑ 22 86-90
- ❑ 23 91-98

❑ 24 99-104
❑ 25 105-107
❑ 26 108-113
❑ 27 114-118
❑ 28 119
❑ 29 120-134
❑ 30 135-142

**Julio**

❑ 1 143-150

**Proverbios**

❑ 2 1-3
❑ 3 4-7
❑ 4 8-11
❑ 5 12-15
❑ 6 16-18
❑ 7 19-21
❑ 8 22-24
❑ 9 25-28
❑ 10 29-31

**Eclesiastés**

❑ 11 1-4
❑ 12 5-8
❑ 13 9-12

**Cantares**

❑ 14 1-4
❑ 15 5-8

**Isaías**

❑ 16 1-4
❑ 17 5-8
❑ 18 9-12
❑ 19 13-15
❑ 20 16-20
❑ 21 21-24
❑ 22 25-28
❑ 23 29-32
❑ 24 33-36
❑ 25 37-40
❑ 26 41-43
❑ 27 44-46
❑ 28 47-49
❑ 29 50-52
❑ 30 53-56
❑ 31 57-60

**Agosto**

❑ 1 61-63
❑ 2 64-66

**Jeremías**

❑ 3 1-3
❑ 4 4-6
❑ 5 7-9
❑ 6 10-12
❑ 7 13-15
❑ 8 16-19
❑ 9 20-22
❑ 10 23-25
❑ 11 26-29
❑ 12 30-31
❑ 13 32-34
❑ 14 35-37
❑ 15 38-40
❑ 16 41-44
❑ 17 45-48
❑ 18 49-50
❑ 19 51-52

**Lamentaciones**

❑ 20 1-2
❑ 21 3-5

**Ezequiel**

❑ 22 1-4
❑ 23 5-8
❑ 24 9-12
❑ 25 13-15

- ❑ 26 16-17
- ❑ 27 18-20
- ❑ 28 21-23
- ❑ 29 24-26
- ❑ 30 27-29
- ❑ 31 30-31

**Septiembre**

- ❑ 1 32-33
- ❑ 2 34-36
- ❑ 3 37-39
- ❑ 4 40-42
- ❑ 5 43-45
- ❑ 6 46-48

**Daniel**

- ❑ 7 1-2
- ❑ 8 3-4
- ❑ 9 5-6
- ❑ 10 7-9
- ❑ 11 10-12

**Oseas**

- ❑ 12 1-4
- ❑ 13 5-9
- ❑ 14 10-14
- ❑ 15 **Joel**

**Amós**

- ❑ 16 1-4
- ❑ 17 5-9
- ❑ 18 **Abdías y Jonás**

**Miqueas**

- ❑ 19 1-4
- ❑ 20 5-9
- ❑ 21 **Nahum**
- ❑ 22 **Habacuc**
- ❑ 23 **Sofonías**
- ❑ 24 **Hageo**

**Zacarías**

- ❑ 25 1-4
- ❑ 26 5-9
- ❑ 27 10-14
- ❑ 28 **Malaquías**

**Mateo**

- ❑ 29 1-4
- ❑ 30 5-7

**Octubre**

- ❑ 1 8-9
- ❑ 2 10-11
- ❑ 3 12-13
- ❑ 4 14-16
- ❑ 5 17-18
- ❑ 6 19-20
- ❑ 7 21-22
- ❑ 8 23-24
- ❑ 9 25-26
- ❑ 10 27-28

**Marcos**

- ❑ 11 1-3
- ❑ 12 4-5
- ❑ 13 6-7
- ❑ 14 8-9
- ❑ 15 10-11
- ❑ 16 12-13
- ❑ 17 14
- ❑ 18 15-16

**Lucas**

- ❑ 19 1-2
- ❑ 20 3-4
- ❑ 21 5-6
- ❑ 22 7-8
- ❑ 23 9-10
- ❑ 24 11-12
- ❑ 25 13-14

- ❑ 26 15-16
- ❑ 27 17-18
- ❑ 28 19-20
- ❑ 29 21-22
- ❑ 30 23-24

**Juan**

- ❑ 31 1-3

**Noviembre**

- ❑ 1 4-5
- ❑ 2 6-7
- ❑ 3 8-9
- ❑ 4 10-11
- ❑ 5 12-13
- ❑ 6 14-16
- ❑ 7 17-19
- ❑ 8 20-21

**Hechos**

- ❑ 9 1-3
- ❑ 10 4-5
- ❑ 11 6-7
- ❑ 12 8-9
- ❑ 13 10-11
- ❑ 14 12-13
- ❑ 15 14-15
- ❑ 16 16-17
- ❑ 17 18-19
- ❑ 18 20-21
- ❑ 19 22-23
- ❑ 20 24-26
- ❑ 21 27-28

**Romanos**

- ❑ 22 1-3
- ❑ 23 4-6
- ❑ 24 7-9
- ❑ 25 10-12
- ❑ 26 13-14
- ❑ 27 15-16

**1 Corintios**

- ❑ 28 1-4
- ❑ 29 5-7
- ❑ 30 8-10

**Diciembre**

- ❑ 1 11-13
- ❑ 2 14-16

**2 Corintios**

- ❑ 3 1-4
- ❑ 4 5-9
- ❑ 5 10-13

**Gálatas**

- ❑ 6 1-3
- ❑ 7 4-6

**Efesios**

- ❑ 8 1-3
- ❑ 9 4-6
- ❑ 10 **Filipenses**
- ❑ 11 **Colosenses**
- ❑ 12 **1 Tesalonicenses**
- ❑ 13 **2 Tesalonicenses**
- ❑ 14 **1 Timoteo**
- ❑ 15 **2 Timoteo**
- ❑ 16 **Tito y Filemón**

**Hebreos**

- ❑ 17 1-4
- ❑ 18 5-8
- ❑ 19 9-10
- ❑ 20 11-13
- ❑ 21 **Santiago**
- ❑ 22 **1 Pedro**
- ❑ 23 **2 Pedro**
- ❑ 24 **1 Juan**
- ❑ 25 **2, 3 Juan, Judas**

| | | **Apocalipsis** |
|---|---|---|
| ❑ | 26 | 1-3 |
| ❑ | 27 | 4-8 |
| ❑ | 28 | 9-12 |
| ❑ | 29 | 13-16 |
| ❑ | 30 | 17-19 |
| ❑ | 31 | 20-22 |

# Notas

1. Eleanor L. Doan, The Speaker's Sourcebook [El libro de recursos del conferenciante] (Grand Rapids, MI: Zondervan Publishing House, 1977), p. 96.
2. D. L. Moody, *Notes from My Bible* [Notas de mi Biblia] (Grand Rapids, MI: Baker Book House, 1979), p. 199.
3. J. Oswald Sanders, *Spiritual Leadership* [Liderazgo espiritual] (Chicago, IL: Moody Press, 1980), p. 123. Este libro está publicado en castellano por Editorial Portavoz.
4. Terry Glaspey, *Pathway to the Heart of God* [Camino al corazón de Dios] (Eugene, OR: Harvest House Publishers, 1998), p. 151.
5. Herbert Lockyer, *All the Promises of the Bible* [Todas las promesas de la Biblia] (Grand Rapids, MI: Zondervan Publishing House, 1962), p. 10.
6. *Life Application Bible* [Biblia para aplicar en la vida] (Wheaton, IL: Tyndale House Publishers, Inc. y Youth for Christ/USA 1988), p. 121.
7. Doan, *The Speaker's Sourcebook* [El libro de recursos del conferenciante], p. 176.
8. H. Dale Burke, *Less Is More Leadership* [Menos es más liderazgo] (Eugene, OR: Harvest House Publishers, 2004), p. 91.
9. R. Kent Hughes, *Disciplines of a Godly Man* [Disciplinas de un hombre piadoso] (Wheaton, IL: Crossway Books, 1991), p. 62.
10. *Ibíd.*, p. 62.
11. *New Living Translation Bible* [La nueva Biblia al día] (Wheaton, IL: Tyndale House Publishers, Inc.1996).
12. Adaptado de Paul Little, *How to Give Away Your Faith* [Cómo regalar tu fe] (Downers Grove, IL: InterVarsity Press, 1973), pp. 67-80.
13. J. Allan Petersen, *For Men Only* [Solo para hombres] citando a Pat Williams (Wheaton, IL: Tyndale House Publishers, 1974), p. 132. Pat Williams es el principal vicepresidente de la *NBA Orlando Magic*, y esta cita se usó con permiso.
14. *Ibíd.*, p. 24.

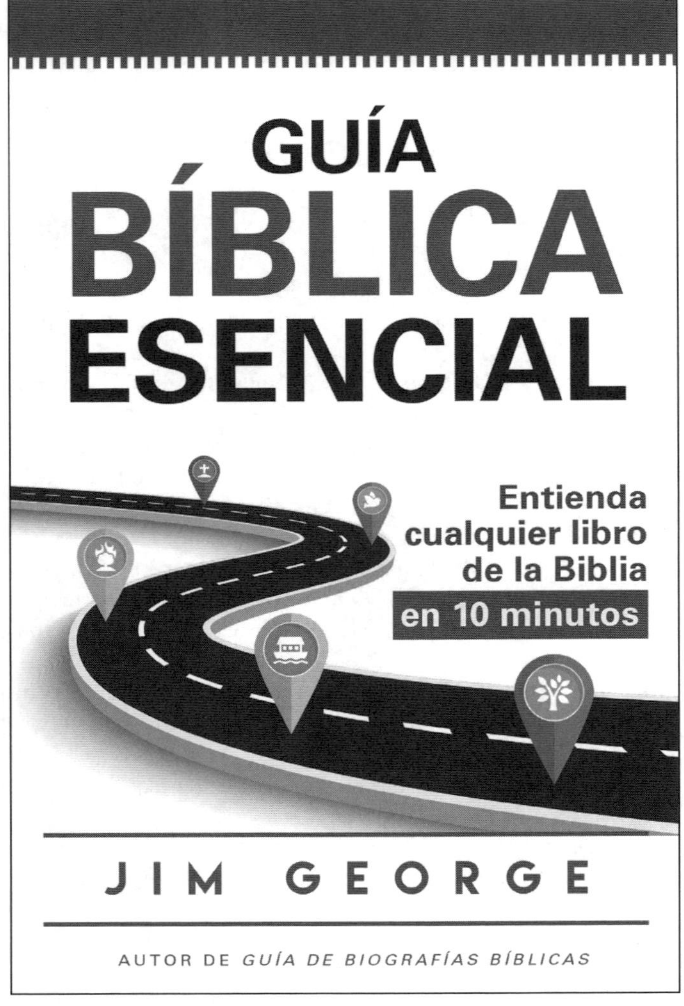


*La guía bíblica esencial* es el recurso perfecto para una visión rápida y útil de cada libro de la Biblia. Aquí descubrirá…

- El tema principal y los puntos más destacados de cada libro
- Los hombres y mujeres clave de Dios y lo que puede aprender de ellos
- Los principales sucesos de la historia de la Biblia y su significado
- Aplicaciones simples y personales para el crecimiento espiritual y la vida diaria

Encontrará que esta es una guía clara, práctica y fascinante que merece la pena tener a mano cerca de su Biblia en todo momento. Excelente para todo aquel que quiera saber más sobre la Biblia y tener una mayor relación con la Palabra de Dios.

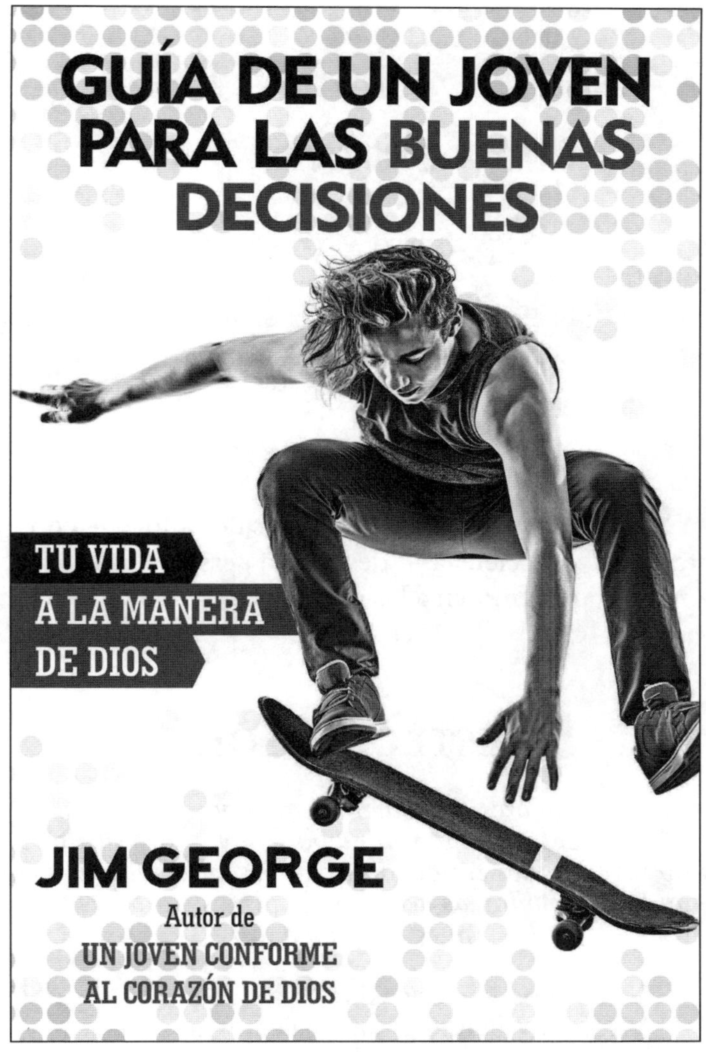


En este libro, Jim George se centra en todos los momentos culminantes en la vida de un joven: las cosas que más importan. El joven aprenderá...

- por qué la oración y la lectura de la Biblia son tan esenciales
- qué forma parte de la mejor clase de amistades
- cómo resistir la tentación y la presión de grupo
- qué fomenta perspectivas sanas y bíblicas sobre las citas con chicas y la pureza

Los jóvenes llegarán a adquirir las habilidades que necesitan para tomar buenas decisiones en respuesta a todos los retos que les salgan al paso.

## NUESTRA VISIÓN

Maximizar el efecto de recursos cristianos de calidad que transforman vidas.

## NUESTRA MISIÓN

Desarrollar y distribuir productos de calidad —con integridad y excelencia—, desde una perspectiva bíblica y confiable, que animen a las personas a conocer y servir a Jesucristo.

## NUESTROS VALORES

*Nuestros valores se encuentran fundamentados en la Biblia, fuente de toda verdad para hoy y para siempre. Nosotros ponemos en práctica estas verdades bíblicas como fundamento para las decisiones, normas y productos de nuestra compañía.*

Valoramos la excelencia y la calidad
Valoramos la integridad y la confianza
Valoramos el mérito y la dignidad de los individuos y las relaciones
Valoramos el servicio
Valoramos la administración de los recursos

Para más información acerca de nuestra editorial y los productos que publicamos visite nuestra página en la red: www.portavoz.com